Die GELBEN Goldmann

Band 1912

Robert Tibber · Heirate keinen Arzt!

Zu diesem Buch

»Auf keinen Fall heirate ich einen Arzt!« Das ist die Reaktion der reizenden Sylvia, Mannequin in einem großen Modehaus, auf den Heiratsantrag ihres Freundes, der gerade seine Assistentenzeit in einem Krankenhaus beendet hat. So bleibt ihr Platz in einer neu bezogenen Praxis eines Londoner Vorortes von einem ältlichen Drachen, der nur schwerverdauliche Speisen zu kochen vermag, besetzt, derjenige im Herzen ihres Freundes jedoch leer und unverteidigt. Fast erliegt der junge Arzt auch den sanften, mit Meisterschaft gesponnenen Umgarnungen einer liebevollen Patientin. Doch bleibt Sylvia letzten Endes seine unvergessene Liebe, und die amüsante Geschichte rundet sich zum humorvollen, glücklichen Ende.

Vom gleichen Autor sind bereits erschienen:

Kleiner Kummer, großer Kummer (Band 1950). DM 3.–
Die lieben Patienten (Band (1996). DM 3.–

ROBERT TIBBER

Heirate keinen Arzt!

Herzensnöte
eines jungen Doktors

WILHELM GOLDMANN VERLAG
MÜNCHEN

7033 · Made in Germany · 3. Auflage

Aus dem Englischen übertragen von Magda H. Larsen. Titel des Originals: ›No withe coat‹. Genehmigte Taschenbuchausgabe. Die Originalausgabe ist im Verlag Benziger & Co. AG, Zürich, erschienen. Umschlagentwurf: Ise Billig. Gesetzt aus der Linotype-Garamond-Antiqua. Druck: Presse-Druck- und Verlags-GmbH. Augsburg. Verlagsnummer 1912 · Ms/Kö

ISBN 3-442-01912-5

Es war Frühling, als ich nach einem langen, unfruchtbaren Winter endlich vom Verwaltungsausschuß des britischen Gesundheitsministeriums ermächtigt wurde, mich als praktischer Arzt niederzulassen. Die mir offiziell angetragene Praxis befand sich unweit Londons in einer Vorstadt und war durch den Tod des alten Kollegen verwaist, der sie fünfzig Jahre lang treu verwaltet hatte.

Es mag seltsam klingen, aber ich nahm es meinem Vorgänger beinahe übel, daß er so überstürzt und unüberlegt das Zeitliche gesegnet hatte, ohne mir Gelegenheit zu geben, ihn kennenzulernen und mir Rat bei ihm zu holen, wie eine Kassenpraxis im Rahmen des Nationalen Gesundheitsdienstes zu führen sei. Nun blieb es mir überlassen, alles Nötige herauszufinden, und meine Vorstellungen von dem, was mich erwarten würde, waren recht gemischter Natur.

In der Hauptsache stammten meine Eindrücke vom Tageslauf eines solchen Hausarztes nämlich aus dem Kino, wo in den sogenannten Arztfilmen ein herzzerreißend trauriges Melodrama sich zu entfalten pflegte, an dessen Schluß die innige Dankbarkeit sämtlicher Schwestern, Assistenten sowie des »den Fängen des Todes entrissenen« Patienten ihren rührenden Ausdruck fand.

In Wirklichkeit stellte sich schon während meines ersten Praxisjahres heraus, daß mein Weg als »Familiendoktor« mich mitten durch Tränen und Lachen hinführte – allenfalls etwas näher den Tränen entlang. Die zwei praktischen Jahre, die ich nach bestandenem Staatsexamen als Assistent in den inneren und chirurgischen Kliniken verschiedener Spitäler zugebracht hatte, waren wenig angetan gewesen, mich auf mein neues Leben vorzubereiten. Zwar verstand ich mich auf die sachgemäße Ausführung einer Lumbalpunktion, und eine Tropfinfusion hätte ich fast im Schlaf vornehmen können. Allein, ehe noch ein paar Monate um waren, hätte ich gern diese beiden Fertigkeiten gegen ein wenig praktische Erfahrung in der Diagnose von Masern hingegeben, deren trügerischen Anzeichen ich noch niemals außerhalb der so unwahrscheinlich rosafarbenen Abbildungen des Ausschlags in den Fachwerken begegnet war.

Im Spital hatte ich wohl auch Diagnosen gestellt, aber, wenn mir keine einfallen wollte, stets auf die des einweisenden Arztes vertrauen können, um dann ihre Bestätigung oder Ablehnung meinem jeweiligen Chef anheimzugeben. Umhüllt von der makellosen Weiße meines Arztmantels, überließ ich danach den Kranken getrost dem nie versagenden Mitgefühl der Schwestern.

In der allgemeinen Privatpraxis gab es aber keinen Puffer zwischen mir und jenen, für deren Wohlbefinden ich, ziemlich jung und noch verhältnismäßig unwissend, wie ich war, die Verantwortung trug. Sobald ich von meinem weißen Spitalmantel Abschied genommen hatte, sank ich unvermittelt auf das allgemeinmenschliche Niveau herab und war von da an durch die zuverlässig arbeitenden Drähte zahlloser Telefone mit ebenso vielen Krankenzimmern verbunden. Ich arbeitete nicht mehr stoßweise während der Stunden, in denen ich »Dienst machte«, ich rief meinem guten Freund und Mitassistenten Faraday kein frohlockendes und schadenfrohes »Recht geschieht's dir!« zu, wenn meine vierundzwanzigstündige Freizeit anbrach und er mich ablöste. Gleich im ersten Winter meiner neuen Praxis gab es Zeiten, zu denen ich arbeitete, während andere schliefen, freilich ohne deswegen zu schlafen, wenn sie arbeiteten. Damals hätte ich gern mit Faraday getauscht, um mir während meiner Dienststunden lässig Brotschnitten am Kamin des Ärztewohnzimmers rösten zu können. Meine Spitalerfahrungen hatten mich auf einen regelmäßigen Tagesplan und stets wiederkehrende Tagespflichten geschult, mit langen Stunden im Operationssaal und Notizen am Krankenbett. Jetzt war ich zum erstenmal gezwungen, mit der Seele zwischen den Leintüchern Fühlung zu nehmen. Und nur Fühlung zu nehmen reichte beileibe nicht aus. Ich mußte rein durch meine eigene Persönlichkeit – die, wie ich bald merken sollte, nicht das mindeste mit Medizin zu tun hat – das Rettungsseil des Vertrauens auswerfen, das, sofern es ergriffen wurde, jene zerbrechliche, nicht allzu elastische Beziehung zwischen Arzt und Patient herstellt, ohne die niemand mit Erfolg Arzt sein kann.

Aus freien Stücken also hatte ich mich von den schwer werkenden, tüchtigen, weißbehaubten Helferinnen getrennt, und mit ihnen von den Temperaturtabellen, den sauber geschriebenen, genauen Berichten und sonstigen Angaben über das Ergehen der Patienten. Ich hatte nun allein nicht nur meine Augen und Ohren offenzuhalten, sondern mußte auch meine Zunge brauchen lernen. Jetzt war es notwendig, sich jene undefinierbare Eigenschaft zu erwerben, ohne die man im Spital gut auskommen konnte, die von uns Engländern so treffend »bedside manner« genannte Kunst, sich im Krankenzimmer taktvoll und richtig zu benehmen.

In der Allgemeinpraxis bildet, wie ich alsbald herausfand, die Heilung des Patienten von seiner wirklichen oder eingebildeten Krankheit nur einen Teil der Behandlung. Man erwartete vielmehr von mir, daß ich etwa im Lauf eines Krankenbesuchs nach dem jüngsterschienenen Enkel fragte, ein Mittel gegen die Ameisen vorschlug, die sich tückisch durch Fensterritzen einschlichen, mein Spezialrezept gegen Fußpilz aufschrieb, damit man es brieflich an Kusine Ethel in Wigan weitergeben konnte, oder ein Stück des eben gebackenen Kuchens versuchte. Um mich überhaupt ein bißchen durchzusetzen, mußte ich schleunigst lernen, mit den Leuten zu reden, mein im Spital geübtes Distanzhalten, meine Art von überlegenem Schweigen, aufzugeben und natürlich und ungezwungen zu plaudern. Zuerst kam mich dies alles schwer an, aber nachdem ich es einen Monat lang mit Kindern, Schülern, Mammis, Vatis, Opas und Omas und alten Tanten zu tun gehabt hatte, gingen mir die jeweils passenden Bemerkungen immer leichter über die Lippen. Es dauerte nicht lange, bis ich den richtigen Tonfall heraus hatte, um jung und alt ohne eine Spur von Scheu oder Verlegenheit die richtige Antwort auf die Preisfrage der Ärzte: »Ist Ihr Stuhlgang in Ordnung?« zu entlocken. Ich lernte, mit Großvater über die gute alte Zeit zu sprechen, mit der Tochter über den neuesten Schlagersänger zu seufzen, der Mutter gut zuzureden, wenn sie erklärte, die Arbeit wachse ihr über den Kopf, und den alten Damen mit galantem Handkuß zu versichern, sie »sähen besser aus als je«.

Ja, mein unverbindliches Gespräch schien nie zu versiegen. Ich plauderte von diesem und jenem, während ich die nötige Behandlung oder Untersuchung vornahm. Ich vergaß bald immer mehr meine anfängliche Schüchternheit, während mein freundschaftliches Verhalten wahrer und echter wurde und ich mich allmählich für einen Bestandteil im Dasein meiner Patienten halten durfte.

Dies alles lag jedoch jetzt noch im Schoße der Zukunft. Als ich an jenem bezaubernden Morgen mit dem Auto zum erstenmal vor meinem neuen Heim hielt, konnte ich einfach nicht glauben, daß Gott es zulassen könnte, Krankheit oder Leiden zu dulden. Der Grasstreifen am Straßenrand leuchtete in zartem Grün, und in den säuberlich abgeteilten Vorstadtgärten verkündeten die gelben Osterglocken den jungen Frühling. Unter einem Himmel, der weder das dunkle, tiefe Blau des Sommers noch die trübe, violette Färbung des Herbstes hatte, sondern eine Art leichter, verheißungsvoller Blässe aufwies, mußte ich einen Augenblick anhalten, um mein glänzendes Messingschild am Pfosten der Gartentür zu betrachten. Ich fragte mich, was die Jahre wohl bringen mochten, ehe das leuchtende Messing stumpf wurde und Moos an dem Pfosten emporkroch.

Mit einem Schlage wurde ich mir meines Namens bewußt, der da zum ersten Male so nackt an einer Straßenecke prangte.

Das Haus war groß, solid gebaut und ziemlich altmodisch. Es war jene Art von Haus, wie es junge Eheleute gerne kaufen, um dann gleich die Wand zwischen der riesigen Küche und dem winzigen Frühstückszimmer abzutragen und eine »Wohnküche« daraus zu machen. Die Häuser hier herum waren ziemlich billig, weil der Bezirk – obwohl die Bewohner dies nicht für ihr Leben zugegeben hätten – nicht als »fein« galt. Die Straße war jetzt gerade menschenleer, aber ich fühlte, daß ich durch die teilweise etwas angeschmutzten Tüllvorhänge beobachtet wurde. Das halb aus den Angeln geratene Gartentor quietschte, als ich es aufstieß, und das Plättchenpflaster hatte mehrere Lücken. Ich begriff plötzlich, daß ich nicht nur ein praktischer Arzt unter eigener Verantwortung geworden war, sondern zugleich auch Hausbesitzer. Als solcher würde ich fortan in Gesellschaft meiner Nachbarn den Samstagnachmittag damit zubringen, Gras zu mähen, Büsche zu beschneiden, Tore zu ölen und sonst herumzuwirtschaften. Mein Hausbesitzer-Auge gewahrte, daß die Dachtraufe eingebeult war, die Fenstersimse geölt werden mußten und die Fenster des Sprechzimmers zum Teil durch eine rankende, wuchernde Schlingpflanze verdunkelt wurden. Eine schwarze Katze sprang über die Hecke und kreuzte meinen Pfad, ohne mich eines neugierigen Blickes zu würdigen.

Auf der Türschwelle stellte ich mein neues Arztköfferchen ab und suchte in meiner Tasche nach dem Hausschlüssel. Ich fand meine Pfeife, eine Ampulle mit destilliertem Wasser, zwei Golfbälle und einen von Sylvias Lippenstiften (das kam daher, weil sie so ungern eine Handtasche trug), aber keinen Schlüssel. Mir wurde heiß unter dem Kragen, während ich mich im Geiste schon nach Frinton zurückfahren sah; da fiel mir ein, daß ich ihn am Abend zuvor irgendwohin versorgt hatte, um ihn ja nicht zu vergessen. Ich ließ den Deckel meines Köfferchens aufspringen, und da lag er richtig in einem der kleinen Fächer, unter meinem Rasierapparat und einem Bündel von Sylvias Briefen.

Es war jemand im Hause! Das spürte ich, sobald ich die Türe aufgeschlossen hatte. Die Diele war aufgeräumt, aber leer, abgesehen von den häßlich-bequemen, die Zeit überdauernden Möbeln meines Vorgängers. Ich schloß die Türe sacht und horchte. Dann ging ich auf meinen Gummisohlen lautlos über die Diele und schaute ins Frühstückszimmer, ins Eßzimmer, die Wohnstube. Alle Zimmer waren leer und strömten jene muffige Atmosphäre aus, die verriet, daß die Fenster lange geschlossen geblieben waren und niemand sich um das Haus gekümmert hatte. Ich wollte gerade meine Besichtigung auf den ersten Stock ausdehnen, als eine Stimme mich zusammenfahren ließ. »Sind Sie's, Herr Doktor?«

»Ja, ich bin's«, rief ich zurück. »Wer sind Sie? Und wo?«

»In der Küche. Mach' eben eine Tasse Tee.«

Durch die große Küche, viereckig und unbequem, wehte frische, zu den Fenstern hereinflutende Luft. Am Herd, die Teebüchse in der Hand und den Hut auf dem Kopf, stand eine vierschrötige Frau mittleren Alters in geblümtem Hausrock. Sie neigte nur den Kopf zu meiner Begrüßung und tat drei Löffel Tee in die Kanne. Mit der lässigen Sicherheit jahrelanger Übung ergriff sie mit langem Arm den Wassertopf und füllte die Teekanne unter mehrmaligem geheimnisvollen Schwenken und Wiederinnehalten.

»Dachte mir, Sie würden gern 'ne Tasse Tee trinken«, brummte sie und wartete, eine Hand auf der Hüfte, in der anderen die Kanne. »Das Wasser war grade am Kochen. Nur noch 'ne Minute, bis er gezogen hat.«

»Wenn ich mir die Frage erlauben darf«, sagte ich, unfähig, den Blick von dem braunen, puddingförmigen Hut über ihrer Hakennase zu wenden, »wer sind Sie, bitte?«

»Mrs. Little. Wieviel Stück Zucker?«

»Drei, bitte.«

»Nicht gut für Sie«, sagte sie und goß den bernsteinfarbenen Tee in die Tasse. –. »Zucker säuert das Blut. Dadurch hab' ich auch meinen armen Vater verloren – zuviel Zucker.«

Mit dieser Bemerkung stellte sie die Tassen auf den Tisch. Dann fummelte sie in einer geräumigen, abgenutzten Einkaufstasche, die auf dem Tropfbrett stand, und zog ein Päckchen Biskuits heraus.

»Leichtverdauliche«, bemerkte sie. »Sind montags immer frisch.«

Da mir nichts zu helfen übrigblieb, und weil der heiße Tee nach meiner langen Fahrt mich lockte, setzte ich mich und begann in der Tasse zu rühren. In winzigen Spiralen entstieg der Dampf.

»Trinken ja 'ne Menge Tee in den Spitälern«, sagte Mrs. Little. »Hab' früher auf Isolierstation gearbeitet. Zu anstrengend für die Füße!« Sie nippte mit dem zweifelnden, prüfenden Ausdruck des Kenners an ihrem Tee, ließ sich dann, offenbar befriedigt, auf dem Stuhl zurückfallen und knabberte ein Biskuit.

»Wie ich schon sagte«, begann sie wieder, obwohl sie in Wirklichkeit nichts davon gesagt hatte, »hab' ich manchmal beim alten

Doktor ausgeholfen. Gott hab' ihn selig! Und wie ich dann in der Zeitung sah, daß Sie 'ne Haushälterin suchten, sagte ich zu meiner Schwester – Margery heißt sie, hat übrigens drei prächtige Kinder –, ich sagte, jetzt, wo mein armer Mann nicht mehr lebt, könnt' ich ja die Stelle annehmen, wo ich doch das Haus und das Telefon und die meisten Leute kenne. Müßten ja eigentlich verheiratet sein in Ihrem Beruf, Herr Doktor. Patientinnen sind immer 'ne komische Sorte. Nicht, daß es mir was ausmachen würde.« Sie schnaubte verächtlich im Gedanken an ihre Geschlechtsgenossinnen und machte eine Kinnbewegung nach dem Küchenbüfett hin. Ihrem Blicke folgend, sah ich etwa zwei Dutzend Briefe in säuberlichen kleinen Häufchen.

»Für mich?« fragte ich.

»Antworten auf das Inserat«, bestätigte sie. »Feine Sache! ›Arzt sucht Haushälterin bei Kost und Logis.‹ Wenn man sie durchliest, weiß man sofort, worauf sie alle abzielen. ›Ich bin jung, hübsch und bewandert im Haushalt‹«, zitierte sie in gekünsteltem Tonfall. »Na, ich hab' gleich zurückgeschrieben und ihnen gesagt, wozu sie das alles besser brauchen könnten.« Sie sah auf meine hochgezogenen Augenbrauen, stand geschwind auf und ging mit ihrer Tasse zur Teekanne hinüber. »Wußte ja, daß Sie mit so was nichts zu tun haben wollten«, fügte sie hinzu. »Nicht für so 'ne Stellung!«

Allem Anschein nach war die stämmige Mrs. Little also vorderhand nicht loszuwerden. Und als ich ihr zusah, wie sie die Küche mit ihren langen, zuverlässig schweren Schritten durchmaß, dachte ich, vielleicht wäre das nicht das Schlimmste, was mir passieren konnte. Wenigstens würde sie mir dies und jenes über die Praxis sagen können, und später konnte ich ihr dann immer noch kündigen, wenn sich die Sache schlecht anließ. Plötzlich fiel mir ein Rat ein, den meine Mutter mir gegeben hatte, ehe ich herfuhr.

»... Mrs. Little«, sagte ich und sah ihr zu, wie sie die Teeblätter in den Abguß schüttete, »was ich Sie noch fragen wollte ...«

»Empfehlungen?« fiel sie mir ins Wort, wobei sie ihre lange Nase buchstäblich in der Teekanne begrub, um zu sehen, ob sie sauber sei. »Fragen Sie ruhig, Herr Doktor, wen Sie wollen. Über mich brauchen Sie sich keine Sorgen zu machen.«

Ich gab es auf, freilich nicht ohne Zweifel, ob meine Mutter hiermit einverstanden sein würde. Doch hatte sie es vielleicht nie im Leben mit einer Frau zu tun gehabt, die zweimal so alt war wie sie, einen Meter achtzig lang war und einen so schreckeinflößenden Hut auf dem Kopfe trug.

»Ich will mein Gepäck aus dem Wagen holen«, sagte ich.

»Dreieinhalb Pfund die Woche, die halben Versicherungsmarken und gut bürgerliche Küche«, tönte es vom Schüttstein herüber. »Und keine Putzfrauen, die mag ich nicht. Mach' lieber alles selber.«

»Gut, das ist mir recht.« Ich entsann mich noch, daß meine Mutter gesagt hatte, in der Küche dürften keine Herrenbesuche geduldet werden, und an freien Halbtagen müsse man um elf zurück sein. Allein, nach einem weiteren Blick auf den braunen Filzhut gewann ich die Überzeugung, daß ich nicht weiter auf diesen Punkt einzugehen brauchte.

Das harte Aufschrillen des Telefons ließ mich hochfahren, und ich blickte mich nach dem Apparat um. Mrs. Little warf das Geschirrtuch über die Schulter und schritt ohne besondere Eile an mir vorbei auf die Diele. Das Läuten hörte auf.

»Nein, tut mir leid, aber der Doktor ist noch nicht da«, hörte ich sie mit sanft beruhigender Stimme sagen. »Morgen früh hat er Sprechstunde, wenn's ihr bis dahin nicht besser geht, dann rufen Sie noch mal an. Ja, ja, ein Aspirin kann nicht schaden. Nein, Sie brauchen sich gar nicht zu ängstigen, und der Doktor ist morgen früh ja hier. Wiedersehn.«

In die Küche zurückgekehrt, griff sie nach der halbtrockenen Tasse, die sie aus der Hand gelegt hatte.

»Heute wollen Sie wohl noch niemand sehen«, sagte sie. »Erst müssen Sie auspacken und das Sprechzimmer zurechtmachen.«

»Jawohl«, nickte ich. »Das Sprechzimmer zurechtmachen.«

Damit überließ ich sie ihrem häuslichen Walten in der Küche und ging hinaus, um mein Gepäck zu holen.

ZWEITES KAPITEL

Ich merkte sehr bald, warum Mrs. Little daran gelegen war, daß ich das Sprechzimmer »zurechtmache«. Sprech- und Wartezimmer befanden sich in einem Anbau des Hauses und hatten einen eigenen Eingang um die Straßenecke herum. Vom Inneren des Hauses führte eine Tür aus der Diele ins Wartezimmer. Dieses war nicht so übel. Die Bänke und der lange Tisch waren aus Eiche, dunkel und unansehnlich. Die Vorhänge waren früher wohl blau gewesen, in ihrem jetzigen verschlissenen und verblichenen Zustand aber präsentierten sich ihre Streifen in einem eigentümlich grauvioletten Farbton. Ein paar zerlesene Zeitschriften waren im Staub des Tisches eingelagert, und ein oder zwei stockfleckige Farbdrucke zierten die Wand. Im Kamin ließ ein Farnkraut traurig seine Wedel hängen. An sich fehlte dem Raum nichts. Es war mir auch unmöglich gewesen, ihn frisch tapezieren und etwas freundlicher herrichten zu lassen, weil die Verwaltung der Krankenkasse darauf bestanden hatte, daß ich die Praxis sofort weiterführe. Wie meine Mutter sagte, müßte ich das Zimmer »so um mich herum« neu herrichten lassen. Im Augenblick mußte es bleiben, wie es war, und als einzige Verbesserung sorgte ich für frische Luft, Seife und Wasser. Ich stieß die Fenster auf (eine etwas übertriebene Feststellung, da sie so schwer beweglich waren wie die Glieder eines alten Arthritikers) und blickte hinaus, als ich hinter mir ein Schlurfen vernahm. Da stand Mrs. Little, immer noch den Hut auf dem Kopf und mit Schrubber und Eimer bewaffnet. Ich lächelte ihr zu, denn es freute mich, daß sie meinem Wunsche zuvorgekommen war, und sie brachte es fertig, zugleich dankend zu nicken und mißfällig über den Zustand des Zimmers zu prusten. Ich überließ es ihr, ihren Schlachtplan zu entwerfen, und begab mich in das anstoßende Sprechzimmer.

Außer in einer Bibliothek hatte ich noch nie so viele Bücher beisammen gesehen, wie hier in diesem kleinen Sprechzimmer. So viele Bücher, aber kein einziges Büchergestell. Sie lagen in rauhen Mengen auf der Untersuchungscouch; sie lagen, durchsetzt mit einem Haufen alter medizinischer Zeitschriften, unter der Couch; sie lagen auf dem Fensterbrett und versperrten dem Licht den Zutritt. Sie krönten den Kartothekschrank bis an die Decke. Sie verdeckten die Schreibtischplatte. Ich konnte mir nicht vorstellen, wie mein Vorgänger hier je einen Patienten hatte untersuchen können, außer etwa auf dem Fußboden, wo ein schmaler Streifen, der zum Apothekenkämmerchen führte, freigelassen war. Ich rollte die Ärmel auf, und – mit etwas schwerem Herzen, denn ich dachte an den Frühjahrssonnenschein draußen, machte ich mich ans Werk.

Mrs. Little scheuerte nach Herzenslust, und ich arbeitete mich wie besessen durch die Bücher hindurch. Ich versorgte sie in Pappschachteln, in denen man sie auf den Estrich bringen konnte, um ein wenig Platz in meinem Arbeitszimmer zu schaffen. Ich kam nur sehr langsam voran. Ich hielt mich zu häufig damit auf, den Staub von den Deckeln zu blasen, die vergilbten Seiten umzuwenden und in den Werken zu schmökern. Da war ein »Atlas der Geburtshilfe« von 1902; ein »Medizinischer Handatlas« von 1910; ein »Lehrbuch der Medizinischen Praxis« von 1895. Die neueste Publikation schien eine Nummer des »Punch« aus dem Jahre 1939 zu sein. Das weitaus interessanteste Werk war ein dicker Band der 2. Auflage von »Notfälle der Allgemeinen Praxis«, das um die Jahrhundertwende erschienen war. Ich war höchlichst erstaunt, denn ich hatte mir nie den Kopf darüber zerbrochen, wie verschieden die Welt der Medizin heute von der jener Zeit war, als der Eigentümer dieser Bücher seine Praxis aufgenommen hatte. Fast überkam mich beim Lesen ein beschämendes Gefühl wegen der zahllosen mechanischen Hilfsmittel für Diagnose und Therapie, die meiner Generation so geläufig geworden waren, und ohne welche mein Vorgänger zu Beginn seiner Laufbahn seine Patienten hatte behandeln müssen. Mit seiner Aufgabe verglichen, erschien mir meine als etwas, bei dem selbst ein Kind nicht fehlgehen konnte. Ich fragte mich, ob wohl meine Söhne, oder vielleicht meine Enkelsöhne, nach Jahren von Mitleid für mich ergriffen würden, und ob sie mich, der ich über nichts gebot als meine Röntgenstrahlen, meine Elektrokardiogramme und die Penicillinspritze, ebenso bedauern würden. War es etwa das durch den Staub filtrierte Licht des Raumes, waren es die viktorianischen Vorfahren des alten Arztes, die mich aus verblaßten Sepiabildern rings um die Wände anblickten – jedenfalls verspürte ich ein sonderbares Verlangen, mich in die Zeit zurückzuversetzen, in der dieser alte Mann, dessen Sprechzimmer jetzt das meine war, zu praktizieren begonnen hatte. Ich würde ihm dann behutsam das Skalpell aus der Hand nehmen, mit dem er soeben einer Mandelschwellung zu Leib gehen wollte, und ihm unter Hinweis auf die neuesten Lehrbücher auseinandersetzen, daß sich bei Zuhilfenahme von Penicillin diese einst gefürchteten Schwellungen, eine Begleiterscheinung der Mandelentzündung, nie mehr entwickelten. Ich würde ihm vom Cortison zur Behandlung rheumatoider Arthritis berichten, vom Elektroschock zur Behandlung von Psychosen, von Elektroencephalogrammen zur Diagnose von Gehirnerkrankungen. Ich würde ihm Blutbanken zeigen und Schulärzte, Lungen- und Herzoperationen. Ich würde ihm erklären, daß viele der geburtshilflichen Komplikationen, mit denen er vertraut war, durch richtige vorgeburtliche Übungen vermieden werden konnten, und daß die Gastroenteritis, zu seiner Zeit ein Kindermörder, in der meinigen dank sachgemäßer Sterilisation der Nährapparatur stark zurückgegangen sei. Ich würde ihm von den neuesten Errungenschaften auf dem Gebiet der Prothesen, den Fortschritten der Thoraxchirurgie und den plastischen Operationen erzählen, die so vielen Kriegsverwundeten das Leben wieder lebenswert gemacht hatten. Vielleicht würden wir auch miteinander die akuten Infektionskrankheiten des Kindesalters erörtern, mit denen er sich damals abmühen mußte, einer langen Liste, die mit Diphtherie begann und mit Pocken endete.

Ich konnte fast das ungläubige Lächeln meines Vorgängers sehen, während ich die unentgeltlichen sozialen Dienstleistungen im heutigen England aufzählte. Ich hätte ihm viel zu berichten gehabt: von den Spitälern mit ihrem Park von Autos und Ambulanzen, den Frauenkliniken, Strahlenbehandlungen, ambulanten Abteilungen, wo jedem Patienten Konsultation und Gutachten der ersten Spezialisten zur Verfügung standen, den pathologischen Laboratorien und Forschungsstellen, die der Vermeidung aller zweifelhaften Diagnosen dienten. Damit nicht genug, brachte doch ein Telefonanruf Gemeindeschwestern oder auch Haushelferinnen zu den Kranken und Invaliden; es gab staatliche Erholungsstätten und viele neue Heime zur Pflege alter Menschen und Geisteskranker. Ich hörte förmlich, wie der Arzt im viktorianischen Anzug, dem ich im Geiste dies alles berichtete, ein erstauntes »Ahh ...« ausstieß, als er vernahm, daß jetzt nicht nur Operationen, Mütterberatung und Säuglingspflege Pflichtleistungen des Staates waren, sondern daß heute auch Brillen, Gebisse und Verbandmaterial umsonst geliefert werden. Ja, unsere Praxismethoden schienen nicht um Jahrzehnte, sondern um Jahrhunderte auseinanderzuliegen, und zweifellos war meine Aufgabe weitaus leichter, als die seine es gewesen sein mußte.

Da ich mit Aufräumen immer langsamer vorwärtskam, überraschte es mich nicht sonderlich, daß es sechs Uhr schlug, als ich das letzte verstaubte Buch in die randvolle letzte Schachtel warf. Meine Hände und mein Hemd waren schwarz, meine Kehle trocken wie ein Sandstrand, von der Sonne ausgedörrt. So war ich mehr als froh, als ich plötzlich auf der Schwelle die allgegenwärtige Mrs. Little gewahrte, die mir mit mitfühlender Miene eine Tasse Tee entgegenhielt. Ich hatte mittlerweile bereits eingesehen, daß unter ihrem etwas einschüchternden Äußeren manch lobenswerte Eigenschaft steckte, wie etwa die, zur rechten Zeit am rechten Ort eine Tasse heißen Tees hervorzuzaubern.

Nach kurzer Pause schleppten wir zusammen die büchergefüllten Schachteln auf die Diele hinaus, von wo sie an einem anderen Tage auf den Estrich befördert werden sollten.

Mrs. Little hatte unterdessen im Wartezimmer mit spartanischer Strenge gewaltet, und wenn es auch noch wenig freundlich wirkte, so war es doch zum mindesten sauber. Sie schien von der gehabten Anstrengung kaum mitgenommen, denn schon schleppte sie von neuem Wasser herbei und schickte sich an, dem Sprechzimmer die gleiche Behandlung angedeihen zu lassen.

»Seit Jahren jucken mich die Finger danach, hier mal ordentlich dreinzufahren«, bemerkte sie. »So'n Haufen alter Schmöker – so was kann ja nicht gesund sein!«

Ich begab mich in die kleine Apotheke hinter dem Sprechzimmer. Der alte Arzt hatte, wie es vor dem Inkrafttreten der nationalen Gesundheitsfürsorge üblich war, seine Arzneien selbst ausgeben müssen, und als Teil der angetretenen Erbschaft blieb mir sein Handwerkszeug – Flaschen über Flaschen, Fläschchen über Fläschchen, ganz gefüllt, halb gefüllt, mit eingetrocknetem Inhalt. Ich beschloß, das Ausräumen der oberen Wandfächer für ein andermal aufzusparen, und beschränkte mich vorläufig darauf, unten ein wenig Platz zu schaffen und auch das fahrbare Wägelchen sowie den Spülstein abzuräumen. Da mir keine Pappschachteln mehr blieben, holte ich den Kehrichteimer und begann, über ihn hinweg vor- und zurückkletternd, alles Überflüssige hineinzuwerfen. Manche der Instrumente vermochte ich nicht einmal zu identifizieren, so rostverzehrt und veraltet waren sie. Andere, die noch eine entfernte Ähnlichkeit mit gewissen auch heute noch benutzten aufwiesen, erkannte ich zwar, warf aber auch sie pietätlos in den Eimer. Es war eine nicht unbefriedigende Beschäftigung. Mit viel Geklirr, Schmettern und Krachen schleuderte ich alles in den Abfallkessel: chirurgische Messer, Dilatatoren (mindestens drei Garnituren) und altmodische Spiegel. Der greise Vorgänger war sicher ein Hamsterer medizinischer Altertümer gewesen, denn ich fand kleine Trichter, große Trichter, zerbröckelnde Gummischläuche, unbrauchbare Katheter, Schmelztiegel, zersprungene Meßgefäße, vier Stößel nebst ungezählten Mörsern, Spritzen, leere Ampullen, lange Wachszündhölzer und säurezerfressene Nierenschalen, Pinzetten und Klammern und einen jämmerlichen Augenspiegel. Der Abfalleimer war bereits voll, aber mir wollte nicht scheinen, daß sich das Kämmerchen wesentlich geleert hätte. Im Augenblick konnte ich einfach nicht mehr tun. Ich gelobte mir innerlich, nie soviel Plunder zur Plage meines Nachfolgers anzuhäufen. Dann rief ich Mrs. Little, die noch immer im Sprechzimmer scheuerte, zu, sie solle mir helfen, den vollgeladenen Kehrichteimer fortzuschaffen. Um neun Uhr abends ließen wir uns schließlich in schweigendem Einverständnis – denn zum Sprechen waren wir beide zu erschöpft – in der Küche zu einem improvisierten Nachtessen nieder.

Nach flüchtiger Besichtigung des oberen Stockwerks gewann ich den Eindruck, daß ich die imponierende Wahl zwischen fünf Schlafzimmern hatte; bei näherer Überlegung erwies sich jedoch, daß nur eines davon – nämlich dasjenige meines Vorgängers – in Frage kam, weil sich darin das Telefon befand. Das Zimmer war so groß, daß unzählige Personen darin Platz gefunden hätten; das Bett konnte gut ihrer vier beherbergen. Mit dem Nahen des Sommers war die Aussicht auf soviel Luft zwar ganz angenehm, doch beschloß ich, vor Einbruch des Winters das Telefon in eines der kleineren Zimmer verlegen zu lassen.

Ich war zu abgekämpft, um meine Kleider und sonstigen Sachen auszupacken, und lobte im stillen meine Mutter, die mir beim Einpacken ein reines Hemd, Krawatte und Unterzeug samt allem, was zur Morgentoilette gehört, in einem Handköfferchen »für den ersten Tag« zurechtgelegt hatte. Ich sank nach einer kalten Dusche – den Boiler hatten wir noch nicht in Betrieb gesetzt – ins Bett. Auf den Nachttisch hatte ich meine Uhr, mein Auroskop, das mir in Notfällen als schwachleuchtende Taschenlampe diente, einen Leitfaden des Golfspiels und Sylvias Bild gelegt. Zu abgespannt, um mich vom Autor des Buches über die Feinheiten des Spiels belehren zu lassen, verschränkte ich die Arme hinter dem Kopf und betrachtete Sylvia. Sie schaute mich so vorwurfsvoll an, daß selbst dieser papierene Blick zu mir sprach und es mir im Magen ganz elend wurde. Es war erstaunlich, daß ich nach dem, was geschehen war, sie immer noch so heftig liebte. Und doch hatte nichts, was sie gesagt, nichts, wozu sie mich getrieben hatte, mein Gefühl für sie im geringsten abzuschwächen vermocht, sondern es eher noch verstärkt. So war es nun einmal.

Sylvia und ich kannten uns über ein Jahr. Wir lernten uns sechstausend Meter über dem Erdboden kennen, dort, wo Wälder wie dunkelgrüne Steppdecken, Großstädte wie Ameisenhaufen und Flüsse wie Silberfäden erscheinen. Wir flogen damals beide von Italien heim, sie von der Arbeit, ich aus den Ferien. Über den Teebrettern auf unserem Schoß schlossen wir Bekanntschaft. Ich tauschte mein Schinkenbrot gegen ihren Fruchtsalat aus, und als wir auf dem Londoner Flugplatz landeten, waren wir ineinander verliebt. Zwischen dem atemberaubend herrlichen Montblanc, auf dessen schneebedecktem Gipfel die Sonne lag, und den weißen Klippen Dovers entdeckten wir eine beidseitige Liebhaberei für »fettucine alla romana«, eine Vorliebe für Luftreisen, weil man so am schnellsten ans Ziel kam, und eine Abneigung gegen komische Opern.

In den nachfolgenden Monaten wurde Sylvia zu einer von meinen Kollegen sehr gewürdigten Erscheinung im Umkreis des Spitals, und ich ein nicht zu umgehender lästiger Bursche im Umkreis der Portale vornehmer Modehäuser, in denen Sylvia tätig war. Zusammen unternahmen wir alltägliche Dinge wie Spaziergänge im Park, Theaterbesuche und Händehalten in Cafés, weniger alltägliche Dinge wie Segelfahrten mit unserer gemieteten »Feuerfliege«, und törichte Dinge, als da sind: alle hundert Schritt stehenbleiben und sich küssen. Unser Glück war völlig ungetrübt, bis ich Sylvia bat, mich zu heiraten. Sie schaute mich nur aus ihren Lapislazuli-Augen traurig an, weinte und sagte, das könne sie nicht. Worauf ich glaubte, der Grund sei einzig der, daß ich als Spitalassistent nicht genug Geld verdiene. Sylvia war an die guten Dinge des Lebens gewöhnt, daher beschloß ich, meine ursprüngliche Absicht aufzugeben, als einfacher Kassenarzt in den staatlichen Gesundheitsdienst einzutreten und mich nach einer lukrativen Allgemeinpraxis umzusehen. Es kostete mich den ganzen Winter, dreißig Nummern des British Medical Journal, einundzwanzig Unterredungen und eine ganze Schachtel Briefpapier, um meine jetzige Praxis zu erwerben. Dann stellte ich Sylvia vor das Fait accompli. Aber sie weinte von neuem und sagte, das nütze alles nichts. Sosehr sie mich liebe, wolle sie ihren Beruf als Mannequin einfach nicht aufgeben und würde als Frau eines Arztes völlig versagen.

Hier also lag ich, und dort stand Sylvia und schaute vom Deckel des Golflehrbuchs auf mich hinab. Ich hatte mir und ihr geschworen, nie wieder mit ihr zu sprechen, ihr Anerbieten, wir wollten Freunde bleiben, zurückgewiesen und mich von da an aus Trotz immer mit der kleinen rothaarigen Schwester auf der Unfallstation vor ihr gezeigt. Allein, es half alles nichts. Ich konnte nicht anders als sie weiter lieben, und so würgte ich schließlich meinen Stolz hinunter und ging auf ihre Bedingungen ein. Vorige Woche hatte ich sie zum Abschied geküßt und ihr ewige Liebe geschworen.

Ich hob ihre Fotografie hoch, küßte das kalte Glas und versank mit einem »Gott strafe dich, Liebstes« in Schlaf.

DRITTES KAPITEL

Meine Ankunft schien sich herumgesprochen zu haben. Als ich beim Frühstück im »Morgenzimmer« saß (Mrs. Littles demokratisches Gebaren hatte sich anscheinend nur auf den ersten Tag erstreckt), vernahm ich mit geradezu erschreckender Häufigkeit das Klick-Klack des Gartentörchens. Ich beschäftigte mich so lange wie möglich mit meinen Speckeiern und aß zwei Stück Toast über meinen Appetit. Meiner Verzögerungstaktik lag weniger Angst vor allfälligen medizinischen Schwierigkeiten zugrunde, als eine dumme Scheu vor der plötzlichen Begegnung mit so vielen neuen Menschen. Ich stellte mir vor, wie sie mich neugierig oder feindselig anstarren würden, wenn ich die Tür ins Wartezimmer öffnete. Zwischen kleinen Schlücken des schrecklichen Gebräus, das Mrs. Little als Kaffee ausgab, übte ich den Tonfall, in dem ich meine Patienten begrüßen wollte. Ich versuchte es erst mit sanfter Stimme, die glatt und gebildet klang, fand jedoch, das würden sie wahrscheinlich albern und waschlappig finden. Ein etwas lauterer Ton schien eher angebracht, aber auch nicht so ganz. Indem ich mir den letzten Rest des scheußlichen Getränks einverleibte, stand ich auf, und mein Blick fiel auf das mit dem verschiedensten Krimskrams gefüllte Porzellanschränkchen, das von dem langjährigen Sammeleifer der verstorbenen Frau Doktor zeugte. Ich steckte beide Daumen unter meine Rockaufschläge, faßte einen Porzellanengel stählern ins Auge und bellte mit einer von Wohlwollen durchtränkten Stimme »Guten Morgen!« Dies schien mir endlich, wenn auch vielleicht nicht ganz angemessen, so doch weniger weichlich. Ich entschloß mich also für die jovial dröhnende Stimmlage und suchte sie im Ohr zu behalten. Dann rückte ich entschlossen meinen Schlips zurecht und schritt langsam auf das Wartezimmer zu. Die Hand auf der Klinke, horchte ich einen Augenblick auf das Füßescharren, Reden und Räuspern drinnen, schalt mich dann einen Feigling. Ich gönnte mir noch zwei Minuten des Abwartens. Dann richtete ich mich auf, öffnete die Tür mit würdiger Haltung und rief: »Der erste, bitte.« Es mußte wie der Ruf eines Henkers geklungen haben.

Die erste Patientin meiner neuen Praxis litt an Migräne, die zweite an einem steifen Hals, und die dritte, ein kleines Mädchen, hatte sich eine Glasperle in die Nase gestoßen. Zuerst dachte ich, es sei reine Einbildung von mir, aber allmählich fühlte ich mich überzeugt, daß jedesmal, wenn ich einen Patienten hinausließ oder einen neuen hereinrief, weniger und weniger Leute im Wartezimmer säßen, bis nur noch ein alter Mann, zwei verwahrloste Kinder und ein Hund übrig waren.

Ich fragte den Alten, einen Mr. Masher, der mit der rührenden Hoffnung gekommen war, ich hätte eine Wunderkur für seinen hoffnungslosen Fall, was denn mit all den anderen geschehen sei.

»Ach, sorgen Sie sich deswegen nicht, Herr Doktor«, antwortete er. »Die meisten wollten bloß erst mal hereinsehen. Ein paar von den Damen sagten, Sie wären reichlich jung, und alle wollten wissen, ob Sie verheiratet wären.«

»Nun, dann sagen Sie ihnen, ich sei unverheiratet«, erwiderte ich und verschrieb ihm ein Rezept. »Nehmen Sie das, Mr. Masher, dreimal täglich eine Tablette, und kommen Sie in einem Monat wieder.«

»Der alte Doktor hat mir immer so eine Flasche voll Zeugs gegeben«, sagte Mr. Masher mit einem argwöhnischen Blick auf das Rezept. »Grün war es, so grünbraun.«

»Na, dann versuchen Sie eben jetzt mal die Tabletten«, entgegnete ich. »Vielleicht helfen sie Ihnen.«

Er steckte das Rezept in die Tasche, warf mir einen zweifelnden und mißbilligenden Blick zu und ging, ohne ein weiteres Wort zu sagen, aus dem Zimmer. Ich merkte, daß ich es mit Mr. Masher gründlich verdorben hatte.

Eines der verwahrlost aussehenden Mädchen hatte Leibschmerzen, und ich wies es an, mit der Mutter wiederzukommen. Die andere, eine schnippisch aussehende Zwölfjährige, die sich den Fuß verstaucht hatte, kam mit ihrem Hündchen herein. Als ich ihr sagte, sie solle sich auf die Untersuchungscouch legen, damit ich ihr einen Knöchelverband machen könne, sah sie erst die Couch und dann mich an, als sei ich verrückt.

»Wo sind denn die Bücher hingekommen?« fragte sie dann.

»Auf den Estrich. Aber da du die Praxis kennst: Wo hat eigentlich der frühere Doktor seine Patienten untersucht?« fragte ich nun meinerseits.

»Auf dem Boden«, gab sie Auskunft und in einem Ton, der besagte, auf eine blöde Frage gehöre eine blöde Antwort.

Ich begann die Sandale und den Socken von dem heilen Fuß herunterzuziehen, um den Schwellungsgrad des anderen daran besser abmessen zu können. Da fuhr sie plötzlich auf und hielt meinen Arm fest. »Nein!« rief sie, und der Hund knurrte.

»Was ist denn?«

»Mama hat mir bloß den einen Fuß gewaschen«, erklärte sie. »Ich hab' mir auch bloß den einen verknackst.«

»Du kannst deiner Mama ausrichten, ein so großes Mädchen wie du soll sich die Füße jeden Tag waschen«, sagte ich und schob den Hund beiseite. »Alle beide!«

Es war elf Uhr geworden, als das Sprechzimmer endlich leer war.

Ich mußte lernen, schneller zu arbeiten bis zum Winter, denn dann war mein Wartezimmer sicher überfüllt.

Mrs. Little erwartete mich mit einer Tasse Tee, der mir gut schmeckte. Dann hatte ich zwei Besuche zu machen. Ich rannte hinauf ins Schlafzimmer, um den Straßenplan zu holen, mit dem ich mich vorsichtshalber versehen hatte. Allein, als ich ihn aufschlug, nahm Mrs. Little ihn mir vorwurfsvoll aus der Hand.

»Mrs. Collins wohnt in der zweiten Straße links von der Hauptstraße«, sagte sie, »und Grimshaws im dritten Häuserblock rechts in der städtischen Siedlung. Passen Sie auf die Löcher auf, die Straße ist noch nicht gemacht.«

Ich ergriff meine Arzttasche und suchte nach dem Garagenschlüssel. Mrs. Little entnahm ihn dem Krug auf dem Kaminsims, in den ich ihn am Vorabend gelegt hatte.

»Schlüssel kann ich nie finden«, murmelte ich. »Danke schön.«

»Essen Punkt eins«, mahnte sie und drückte die Tür hinter mir zu.

Ich beschloß, erst das Kind der Grimshaws zu besuchen.

Die städtische Siedlung war auf einen Areal errichtet worden, dessen Häuser im Krieg zerbombt worden waren. Jetzt standen dort freundliche Reihen neuer Häuser mit abwechselnd rosa und grün gestrichenen Türen. Einige Gärtchen waren noch nicht umgegraben und dienten als Ablagerungsstellen für allerlei Schutt. Andere zeigten schon lustig sprießenden Rasen und an Fäden aufgereihtes Stanniolpapier zur Abwehr der Vögel. Ich fuhr mit dem Auto langsam über die Löcher der ungeschotterten Straße. Dabei wurde ich scharf von verschiedenen Frauen in geblümten Kleiderschürzen beobachtet. Einige von ihnen scheuerten gerade ihre Türschwellen und ließen sich auf die Fersen zurückfallen, um mich anzustarren, andere unterbrachen ihr Gespräch mit den Nachbarinnen und musterten mich, die Hände auf den Hüften. Bemüht, einen vorteilhaften Eindruck zu machen, denn diese Damen und ihre Angehörigen bildeten ja meine künftigen Patienten, zwang ich mich, ihnen zuzulächeln.

Die drei kleinen Häuserblocks standen am anderen Ende der Siedlung. Hier gab es zahllose Kinder, und buntfarbige Kleidungsstücke schwangen in der leichten Brise an den Wäscheleinen.

Ich stieg die Treppen des Miethauses, in dem Familie Grimshaw wohnte, hinauf bis in den dritten Stock und klopfte an der Tür.

Mrs. Grimshaw öffnete sie spaltbreit, blickte mich fragend an. Als sie mein Köfferchen sah, riß sie die Türe weit auf.

Sie war etwa achtundzwanzig Jahre alt, trug schwarze sportliche Hosen und einen enganliegenden Pullover und hielt eine Zigarette zwischen den Lippen.

»Ach, gut, daß Sie kommen, Herr Doktor«, begrüßte sie mich, warf ihr blondes Haar mit einem Ruck ihres Kopfes zurück und ging mir voran ins Vorderzimmer. Ich war überrascht von dem netten, sauberen Anblick der kleinen Wohnung.

Auf der Couch der Stube saßen zwei Kinder, ein sechsjähriger Junge mit mehreren Zahnlücken und ein etwa zwei Jahre jüngeres kleines Mädchen. Sie sahen sich ein Bilderbuch an, und um sie herum lagen verschiedene farbige Heftchen. Mrs. Grimshaw stellte sich neben den Jungen und gab ihm einen leichten Klaps.

»Mach, daß du 'rauskommst«, sagte sie. »Der Herr Doktor will sich die Maureen ansehn.«

»Aber ich möcht' doch so gern ...«, maulte der Kleine zurück, merkte jedoch, daß ihm das mütterliche Auge eine zweite Kopfnuß verhieß. Und so verließ er maulend das Zimmer.

Maureen stand auf, trat dicht an mich heran, hob ihr Röckchen hoch und ließ die Hosen herunter. Ich hockte mich hin, um mir die Flecken auf ihrem Bauch zu besehen.

Als ich mich wieder aufrichtete, meinte ich: »Sie hat Windpokken, Mrs. Grimshaw.«

Die Dame ließ die Zigarettenasche in die hohle Hand fallen, trat ans offene Fenster und warf die Asche hinaus.

»Weiß ich ja, weiß ich«, sagte sie. »Hat sie von der Brenda gegenüber erwischt. Zieh dich an, Maureen.«

Während sie dem Kind das Kleid glattstrich, schaute ich aus dem Fenster auf die Eingangstreppe des gegenüberliegenden Häuserblocks. Schüsseln voll Essen standen zum Abkühlen auf den Stufen, Türvorleger wurden ausgeschüttelt, Schüttsteinsiebe in den Abfalleimer ausgeklopft.

»Eine Tasse Tee, Herr Doktor?« fragte Mrs. Grimshaw.

»Danke vielmals. Ich habe noch viele Patienten zu besuchen.«

Ich erklärte ihr, wie sie Maureen zu behandeln habe, schärfte ihr ein, den kleinen Bruder von anderen Kindern fernzuhalten, und zog meinen Rezeptblock heraus, um ihr etwas gegen das Jucken des Ausschlags zu verschreiben.

Ich setzte »Mrs. Grimshaw« über das Rezept und war gerade halbwegs mit »Lotio Calamini« fertig, als meine Füllfeder spritzte und keine Tinte mehr hergab. Schon wollte ich mich ärgerlich umdrehen und »Schwester!« rufen, als ich Mrs. Grimshaw gewahrte und mich entsann, daß ich nicht mehr im Krankenhaus mit seinen hilfreichen Schwestern war, die mir stets bereitwillig die Füllfeder frisch füllten, meine Knöpfe annähten und mir stärkenden Tee brachten, wenn ich es nötig hatte. Mrs. Grimshaw brauchte zehn Minuten, um ein Löschblatt sowie eine Flasche zu finden, die einen winzigen Rest violetter Tinte enthielt. Sie sagte mir, die hätte sie nur zufällig da, weil ihr Mann im Gefängnis sei und sie es von der Nachbarin geliehen habe, um ihm zu schreiben. Ich war nicht gerade stolz auf das Aussehen meines Rezepts und nahm mir vor, in Zukunft dafür zu sorgen, daß mein Füllhalter nicht leer sei, wenn ich Krankenbesuche machte.

Maureen war wieder in ihre Heftchen vertieft, und ich griff nach meinem Köfferchen. An der Türe hielt mich Mrs. Grimshaw zurück: »Ach, ich wollte Sie eigentlich noch wegen mir selber was fragen, Herr Doktor ...«

»Ja –?« machte ich, und es klang nicht sehr ermutigend.

»Ach, ich will's doch lieber sein lassen«, sagte sie darauf.

»Nun, Mrs. Grimshaw, falls Sie mich zu konsultieren wünschen, so wissen Sie ja, wo meine Praxis ist.«

Sie schien überrascht, daß ich nicht versuchte, sie zur Überwindung ihrer Einwände zu überreden. »Also dann guten Morgen, Herr Doktor«, erwiderte sie, »und schön' Dank.«

Wie die von Mrs. Littles weitläufiger, aber leserlicher Schrift beschriebene Notiz lautete, litt Mrs. Collins, der mein zweiter Besuch gelten sollte, an »Schmerzen in der Brust«. Sie wohnte in einem großen alten Haus, in dessen Vorgarten eine Araukarie stand. Ein blondes Hausmädchen, eine Schweizerin, wie sich alsbald herausstellte, öffnete mir die Tür.

»Bitte«, sagte sie und führte mich ins Wohnzimmer. Dort saß eine grauhaarige Frau mittleren Alters vor einer Schreibmaschine und blickte darüber hinweg in den Garten. Bei meinem Eintreten wandte sie den Kopf, sah mich mit freundlichem Lächeln an, schien mich jedoch gleichzeitig mit den Augen abzuschätzen.

»Sie sind noch ein junger Arzt«, sagte sie, und ihre Worte ließen einen Anflug von kontinentalem Akzent erkennen.

Ich hatte bereits genug davon, mir Bemerkungen über mein Alter anzuhören. Zwar war mir klar, daß ich vorderhand noch nicht den Eindruck eines typischen, wohlgenährten Hausarztes machte, doch hatte ich immerhin das Staatsexamen mit Auszeichnung bestanden, zwei volle Jahre als Assistent in Spitälern gearbeitet und war also gut ausgebildet.

Mit ihren ersten Worten hatte mich Mrs. Collins verärgert. So erwiderte ich ihr Lächeln nicht und ließ jene Bemerkung fallen, die alle Patienten, insbesondere Neurotiker, am wenigsten vertragen. Und Mrs. Collins schätzte ich sogleich als Neurotikerin ein. Denn warum in aller Welt war sie nicht in meine Sprechstunde gekommen, wenn sie nur Schmerzen in der Brust hatte und sich im übrigen gesund genug fühlte, um Schreibmaschine zu klappern?

»Sie sehen blühend aus, wo fehlt's denn?« sagte ich und stellte mein Köfferchen mit Nachdruck auf den Boden.

Als ich aufblickte, hatte Mrs. Collins den Kopf auf die Seite gelegt und sah mich nachdenklich an.

»Ich sterbe an Krebs«, erwiderte sie ruhig. »Lungenkrebs.«

Ich fand zunächst keine Antwort, hätte mich aber am liebsten selbst geprügelt wegen meines törichten Gehabens.

Mrs. Collins streckte mir die Hand entgegen. »Kommen Sie«, sagte sie. »Wir wollen Freunde sein und nochmals von vorn anfangen. Es war ungezogen von mir, etwas über Ihr Alter zu bemerken. Ich meinte nichts Schlimmes damit. Es kam nur, weil die Zeit, die Jahre, Wochen, Tage und sogar die Stunden wichtiger geworden sind als bisher.«

Wir schüttelten einander die Hände, und damit begann eine gute Freundschaft meines ersten, von Unsicherheit geprägten Jahres. Nachdem ich sie untersucht und ihr etwas zur Linderung ihrer Symptome verschrieben hatte, rief Mrs. Collins nach der pausbäkkigen kleinen Schweizerin und bat sie, Kaffee zu bringen, ohne auf meinen schwachen Einspruch zu achten.

Ich war noch nie einer so vernünftigen Frau begegnet, und bestimmt keiner, die ihrem eigenen, unabwendbar bevorstehenden Tod mit solchem Gleichmut entgegensah. Ich fragte sie, wer sie so erbarmungslos über ihren Zustand unterrichtet habe. Die Regel war ja, daß man unter solchen Umständen den Patienten die volle Wahrheit vorenthielt, ihnen bis zuletzt die Hoffnung nicht raubte.

»Ich wollte gern wissen, wie es mit mir stand«, erklärte sie mir. »Es gibt Dinge, die ich noch zu tun habe, Orte, die ich noch aufsuchen will, solange mir noch Zeit bleibt. Nur mit den Schmerzen hatte ich nicht gerechnet.« Sie schaute wieder auf den Garten hinaus. »Jetzt sitze ich hier und sehe, wie meine Bäume blühen. Manchmal spreche ich mit ihnen. Ich bin eben eine dumme, einfältige Frau, wissen Sie«, fuhr sie mit einem Lächeln fort, »und sage den Bäumen, sie sollten recht lange blühen, langsam Frucht tragen und nicht allzu eilig ihre Blätter abwerfen. Wenn sie kahl im Schnee stehen, werden wir uns wohl trennen müssen.«

»Sie schreiben?« fragte ich mit einem Blick auf die Stöße von Manuskriptpapier auf dem Schreibtisch.

Sie zuckte die Achseln. »Kleine Geschichten für Kinder. Ich habe einen Freund, einen Verleger aus meiner Heimatstadt in der Nähe von Wien. Er ist sehr gut zu mir. Es vertreibt mir die Zeit.«

Es war nahezu ein Uhr, als ich aufstand, um zu gehen. Wir hatten über Kunst und Literatur gesprochen, über Ärzte und die Hilflosigkeit der Wissenschaft, die noch kein Mittel gegen Krebs gefunden hat. Mit einem Zwinkern in den Augen hatte Mrs. Collins mir auch versprochen, sich nach einer Frau für mich umzusehen. »Es wäre wirklich besser für Sie, wenn Sie heirateten.«

Bei meinem Fortgehen bat sie mich, wieder zu kommen, sobald meine Zeit es erlaube, und ich versprach ihr, sie nicht zu vergessen.

In weniger stolzer Stimmung als der, in welcher ich meine Morgenbesuche angetreten hatte, wendete ich den Wagen und fuhr dem mich erwartenden Rindfleisch entgegen.

VIERTES KAPITEL

Die gelben Narzissen wurden braun und runzlig um den Rand ihrer Trompeten, und als die Tage wärmer wurden, schnitt man die verwelkten Blüten ab und bündelte ihre Blätter säuberlich zusammen. Anstelle ihrer blaßleuchtenden Pracht erschienen nun Tulpen, hoch, steif und in grellen Farben. Ich begann mit meinen Patienten und meine Patienten begannen mit mir vertraut zu werden. Unter ihnen fand sich ein Spengler, der die herabhängende Dachtraufe instand setzte, ein Schreiner, der das widerspenstige Gartentor gründlich eines Besseren belehrte, und ein Arbeiter, der die Kletterrosen beschnitt, die Fenstersimse ölte, die fehlenden Plättchen des Gartenwegs ersetzte und sich auch regelmäßig um den Garten kümmerte. Der alte Hodge war ein sehniger Sechziger, und ich hegte den Argwohn, daß sein Anerbieten, allwöchentlich zu kommen, etwas mit dem mitfühlenden Ohr zu tun hatte, das Mrs. Little seinen unaufhörlichen Klagen über alle möglichen Schmerzen lieh – die zum größten Teil seiner Abneigung gegen jede feste Beschäftigung entsprangen –, wie auch ihren nie versiegenden Tassen stark gezuckerten Tees. Er deutete an, daß er sich darauf verstehe, Autos zu waschen und alles, sei es, was es wolle, frisch anzustreichen und herzurichten; auch würde es ihm nichts ausmachen, ein paar Böden zu scheuern. Ich vereinbarte daraufhin mit ihm, daß er an den beiden Pfingstfeiertagen das Warte- und Sprechzimmer streichen solle, und stellte es ihm frei, jeden Donnerstagnachmittag im Garten zu arbeiten.

Nach und nach lernte ich auch die Nachbarn kennen. Ich freute mich darüber und fühlte mich schon als alteingesessener Mitbürger, wenn ich auf meiner Morgenrunde Mrs. Parker freundschaftlich zuwinkte und der alten Miss Pierce über die Straße ein »Guten Morgen« zurief. Täglich sah ich sie auch vom Frühstückszimmer aus, wenn sie zur Arbeit eilten, die Kinder in die Schule brachten oder auf dem um die Ecke führenden Weg zum Sprechzimmer waren. Auch Mr. Wentworth, wie er, den Regenschirm in der Hand und die »Times« unter den Arm geklemmt, zielbewußt der Bank zustrebte, deren Direktor er war; Mrs. Sweeney, die Primarschullehrerin, die immer so traurig dreinsah; Mrs. Hill, die ihre seilhüpfenden Zwillinge zum Kindergarten begleitete, und die beiden eleganten jungen Damen, die in ihrem Köfferchen wohl ein Paar Extraschuhe zum Wechseln mitführten. Sie kreuzten sich mit den Putzfrauen mit ihren Einkaufstaschen, die ihre Arbeit Punkt neun Uhr aufnehmen mußten. Zur Mittagszeit sah ich ein paar der Nachbarn zum Essen heimeilen und eine halbe Stunde darauf wieder zurück, die Putzfrauen nach Hause trotten, um ihren eigenen Haushalt zu besorgen, und die Hausierer mit ihren Köfferchen voller Nagelbürsten, Briefpapier oder Schuhwichse an allen Haustüren läuten. Von vier bis sieben dauerte dann die allgemeine Heimkehr zum häuslichen Herd. Sie setzte ein mit den fröhlich hopsenden oder luftpistolenknallenden Schulkindern und schloß mit dem stets korrekt gekleideten Mr. Parker von nebenan, der seiner Frau mit etwas verlegenem Gesicht unweigerlich jede Woche einen Blumenstrauß mitbrachte. »Ein reizendes Paar!« sagte Mrs. Little. »Er steht morgens immer zuerst auf und bringt ihr eine Tasse Tee ans Bett. Ein so netter Herr!« Hier muß ich einfügen, daß man von unserer Hintertreppe aus durch das Oberlicht direkt in die Parkersche Küche sehen konnte, und es versteht sich, daß Mrs. Little stets etwas zu tun fand, das sie am Morgen auf die Hintertreppe führte. Einmal schüttelte sie ihr Staubtuch aus, ein andermal putzte sie unser eigenes Oberlicht, und manchmal stand sie ganz einfach da und starrte schamlos durchs Fenster. Von ihr erfuhr ich auch, daß Mrs. Sweeney, die für einen gebrechlichen Gatten zu sorgen hatte, sich den Teufel darum kümmerte, ihn an schönen Tagen im Rollstuhl an die frische

Luft zu bringen, und keinen Menschen je ins Haus lasse, wo nach Aussage Mrs. Littles ein »betäubender Gestank« herrsche. Sie informierte mich auch darüber, daß Mr. Wentworth von der Bank an einem Geschwür leide; wenigstens behaupte es der Milchmann; daß das junge Ehepaar Webster so vernarrt in seine zwei Boxer sei, daß es geäußert hätte, es wolle nie Kinder haben, und daß Mrs. Dobson von Nummer sieben in ihrem Vorderzimmer als Coiffeuse arbeite, um das Geld einzubringen, das ihr Mann vertrank.

Mein Auto war mittlerweile zum wohlbekannten Anblick in der Gegend geworden. Wenn ich durchs Quartier fuhr, pflegte ich alle mit der Hand zu grüßen: den Milchmann, den Postboten, auch die Bäcker mit ihren Lieferwagen, die Austräger der Wäschereien und chemischen Reinigungsanstalten. Die Straßenkehrer, hin- und herschlurfende alte Männlein, stützten sich gern auf ihre Besen, um zu sehen, wie ich vorankam, und räumten freundlich ihre Karren beiseite, um mir das Parken zu erleichtern.

Während der ersten Wochen mußte ich mich an Dinge gewöhnen, mit denen ich in den Spitälern nichts zu tun gehabt hatte, vor allem an das ewige Treppensteigen. In den ersten Tagen rieb ich mir beim Heimkommen meine Beinmuskeln, den Rücken, der vom vielen ungewohnten Ein- und Aussteigen schmerzte, und schleuderte auch die Schuhe aufatmend von den Füßen. Doch mit der Zeit gewöhnte ich mich an jede Art von Treppen. Auch lernte ich alle Spielarten von Glocken kennen: schrille, bimmelnde, solche, die einen musikalischen Ton von sich gaben, andere, die stumm blieben. Zuweilen begann ich meine Runde mit zwei oder drei verschiedenen Hausschlüsseln in der Tasche, die mir Leute, bevor sie zur Arbeit gingen, brachten, damit ich die Wohnungen betreten konnte, deren Bewohner zu krank oder zu alt waren, um selbst zu öffnen. Bisweilen erhielt ich Anweisungen darüber, wie ich mir sonst Einlaß verschaffen solle. Da hieß es: Der Schlüssel liegt unter der Türmatte; gehn Sie ums Haus herum an die Hintertür; stoßen Sie die Tür auf und gehn Sie einfach hinein; holen Sie sich den Schlüssel gegenüber, oder im Haus daneben. An all das gewöhnte ich mich rasch. Ich war angenehm überrascht über das Ausmaß freundlicher Nachbarlichkeit, das ich überall feststellen konnte. Die Hausfrauen hier im Quartier nahmen sich der Nachbarskinder an, hatten ein Auge auf die Kranken, nahmen Wäsche ab und fütterten Hunde, Katzen, Kaninchen und weiße Mäuse, wenn deren Eigentümer abwesend waren. Mir schien das ein höchst erfreulicher Zustand. Jedoch trauten mir die Frauen noch immer nicht so recht, sondern schickten ihre Männer und Kinder vor, um mich und meine ärztlichen Künste zu prüfen. Zuerst behandelte ich meine Patienten genauso, wie ich es vom Spital her gewohnt war. Ich schrieb ihnen ausführliche Behandlungen vor, von denen ich erwartete, daß sie genauestens durchgeführt würden. Es wurde mir jedoch bald klar, daß man sich als praktischer Arzt sowohl in der Behandlung wie bei den Anweisungen kurz fassen müsse und ferner die ganze Familie als Einheit zu betrachten hatte. Ich fand heraus, daß es völlig unnütz sei, einer Mutter eine dreiwöchige Bettruhe zu verordnen, damit sie ihrem überanstrengten Hüftgelenk Entspannung verschaffte. Denn das konnte sie weder, noch wollte sie es, solange sie einen Haushalt und Kinder zu versorgen hatte und kein Geld besaß, eine Haushalthilfe zu bezahlen. Ebenfalls konnte ich alte Frauen oder Männer nicht ins Bett schicken, wenn sie allein lebten und niemanden hatten, der sie pflegte. Es gehörte mit zu meiner Tätigkeit, widerstrebende Söhne oder Töchter aufzusuchen und ihnen zu eröffnen, daß ihr alter Vater, ihre hilflose Mutter eine Zeitlang bei ihnen untergebracht werden müsse. Die Angehörigen, die mit ihren eigenen Familien genug zu tun hatten und dazu arbeiten gingen, unterzogen sich dieser zusätzlichen Bürde, so gut sie konnten, und mußten nicht selten ihre Wohnstube oder einen anderen schlecht entbehrlichen Raum dafür hergeben. Es war verschwendete Zeit und Mühe, einem Hosenbügler mit einem Lendenbruch zu sagen, er solle sich leichtere Arbeit suchen, wenn alles, worauf er sich verstand, eben das Hosenbügeln war, und ebensowenig konnte ich von einer Mutter von vier Kindern unter fünf Jahren verlangen, daß sie nichts Schweres hebe. Es ging in der Allgemeinpraxis um Medizin und Psychologie, um Medizin und ein teilnehmendes Herz, niemals aber um Medizin allein.

Einem Problem besonders war ich noch nie zuvor begegnet und wußte zuerst nicht, wie ich mich dazu verhalten sollte. Da gab es eine Patientin – wenn man sie so nennen wollte –, die hieß Mrs. Hume. Sie führte ein gelangweiltes Leben in einem nahe meinem Haus gelegenen Bungalow. Ich lernte sie kennen, als sie eines Tages in einer Wolke von Parfum in mein Sprechzimmer geweht kam und mir mit größter Ausführlichkeit beschrieb, auf welche Weise sie sich mit einem Taschenmesser ein bißchen geschnitten hatte. Ich kritzelte auf meiner Löschpapierunterlage herum, während ich mir anhörte, wie »ich Schlimme« ein »winziges Bleistiftchen« gespitzt hatte, wobei das »böse Messer« ausglitt. Ich legte einen breiten Wundverband an – eine Behandlung, die mehr ihrer Eitelkeit als ihrer Verletzung galt –, ließ ihre dramatischen Dankesbezeigungen über mich ergehen und sah zu, wie sie umständlich und würdevoll das Zimmer verließ. Sie war blond und nicht ohne weibliche Reize. Eine Woche darauf fand ich ihren Namen auf meiner Besuchsliste. Dem, was Mrs. Little über sie zu sagen hatte, war zu entnehmen, daß ihr nichts anderes fehlte als ein neuer Ehemann und eine richtige Beschäftigung.

Ihr Bungalow war klein, und seine Tür wurde mir von einer knochigen Hausangestellten geöffnet. Aus der Art, wie diese mir mit grabestiefer, herzbrechender Stimme zuflüsterte: »Madame ist im Schlafzimmer«, ging hervor, daß sie ihrer Herrin sehr ergeben sein mußte. Ich wurde ins Schlafzimmer geführt.

Madame saß in einem modischen Nachtgewand im Bett und sah so krank aus wie mein kleiner Finger. Als ich eintrat, gewann sie sich ein müdes Lächeln ab und hielt mir eine kraftlose Hand hin. Sie gab vor, auf der Lunge Schmerzen zu haben.

»Große Schmerzen, Herr Doktor, und manchmal ein Flattern, als versuche ein Vöglein, hinauszugelangen.«

Ungern, aber vorsichtshalber dazu gezwungen, näherte ich mich dem Bett mit meinem Stethoskop. Mrs. Hume rückte bereitwilligst etwas zurück, um mich zum Hinsetzen aufzufordern.

»Tief atmen«, sagte ich streng. »Noch einmal, bitte.« Dabei bemühte ich mich, die Augen von ihrer Gestalt abzuwenden, die sie mir mit offensichtlicher Entschlossenheit darbot. Als ich mit der Untersuchung fertig war, erhob ich mich.

»So, das wäre alles mit Ihrer Lunge, Mrs. Hume, danke«, sagte ich und packte mein Stethoskop wieder ein. Sie schob ihr Nachthemd zu und legte es in künstlerische Falten.

»Was halten Sie von mir, Herr Doktor?« fragte sie, auf das Kissen zurückgleitend.

Ich überhörte die Frage und erkundigte mich ohne Hemmung: »Wie alt sind Sie eigentlich, Mrs. Hume?« Sie senkte die Augenlider und zögerte. Dann sagte sie: »Siebenundzwanzig«. Ich ließ ihr die neun oder zehn fehlenden Jahre hingehen. Von Mrs. Little wußte ich, daß sie einen Gatten begraben hatte und vom zweiten verlassen worden war. Wahrscheinlich hatte sie die Kräfte des ersten erschöpft und den anderen dazu getrieben, mit dem, was von seinem Mannestum verblieb, das Weite zu suchen.

»Was tun Sie denn den ganzen Tag, Mrs. Hume?« fragte ich.

»Nichts«, antwortete sie. »Ich bin sehr einsam.«

»Ja, ich weiß«, stimmte ich zu, bedauerte es aber sogleich, als ich sah, wie ihre Augen sich voll Mitgefühl weit öffneten. »Sie müssen auch einsam sein, Herr Doktor. Keine Frau, keine Familie. Nur diese gräßliche Mrs. Little in dem großen Haus.«

»Ach, ich kann nicht klagen«, erwiderte ich, voller Ärger, weil sie mich in die Enge getrieben hatte.

»Doch, doch, Sie müssen ja einsam sein, schrecklich einsam. Wollen Sie nicht abends einmal zum Essen kommen?«

»Sehr freundlich von Ihnen, aber ich habe die Praxis erst übernommen und bin außerordentlich beschäftigt.« Ich zückte meinen Rezeptblock. »Ich werde Ihnen etwas zur Stärkung geben.«

Sie hatte noch eine Karte auszuspielen.

»Möchten Sie nicht ein Bild von meinem kleinen Jungen sehen?« fragte sie.

»Ja, gern«, sagte ich und ging damit ahnungslos ihrer berechnenden Weiblichkeit in die Falle.

Wie der Blitz krabbelte sie auf Händen und Knien zum Fußende des Bettes. So langsam als sie konnte, streckte sie den Arm nach dem Ankleidetisch aus, wo ihre Handtasche lag, und manövrierte sich dann so umständlich wie möglich ins Bett zurück.

Im kühlsten, abweisendsten Ton, dessen ich fähig war, sagte ich: »Ich hätte Ihnen die Tasche schon herübergereicht, Mrs. Hume.«

Sie schien gänzlich unangefochten und zeigte mir die Fotos eines kleinen Jungen inmitten zwanzig anderer eines Internats.

»Dies ist Philipp«, sie zeigte mit ihrem scharlachroten Fingernagel auf einen Jungen. In ihrer Stimme lag ungekünstelter Stolz, als sie erzählte: »Er ist Primus in seiner Klasse.«

»Das ist ja großartig«, lobte ich. »Kommt er in den Ferien heim?«

Sie schob die Fotos in ihre Tasche zurück. »Nein, diesmal geht er zu seinem Vater.« In ihren Augen lag ein trauriger Ausdruck, der ihr angebliches Alter ganz gründlich Lügen strafte.

Indem sie mir in die Augen sah, hielt sie mir die Tasche hin. »Würden Sie sie bitte an ihren Platz zurücklegen, Herr Doktor?«

Ich zauderte keinen Augenblick und nahm diese Friedensfahne an. Ich legte die Tasche hin und griff nach meinem Köfferchen.

»Wenn ich Sie wäre, Mrs. Hume, würde ich jetzt aufstehen.«

»Ach, das will ich ja sowieso«, sagte sie. »Ich bin auf zwölf beim Coiffeur bestellt. Sie fahren wohl nicht gleich nach der Stadt zurück, Herr Doktor? Ich wäre im Nu fertig.«

Eine solche Unverfrorenheit war mir wahrhaftig noch nie vorgekommen. Ich schüttelte bedauernd den Kopf und wandte mich der Tür zu.

»Hab' mit meinen Patienten viel zu tun«, warf ich kurz hin.

Sie warf mir einen bittenden Blick zu. »Auf Wiedersehen«, sagte sie dann mit so trauriger Stimme, daß sie mir fast wieder leid tat.

Die Stundenfrau ließ mich aus dem Haus, und beim Abfahren sah ich Mrs. Hume am Fenster stehen. Ich bedauerte sie. Allein die Arznei, die sie brauchte, ein Mann, war im Rahmen des Nationalen Gesundheitsdienstes nicht vorgesehen.

FÜNFTES KAPITEL

Mein erster Anruf bei Nacht war ungewöhnlicher Art. Ich hätte nicht geglaubt, daß nach so vielen Jahren die Greuel des Krieges in Geist und Gemüt so vieler Menschen noch immer an unvermuteten Stellen zum Durchbruch kommen könnten.

Das Telefon läutete, als ich nach einem anstrengenden Tag im ersten tiefen Schlaf lag. Ein paar Sekunden lang glaubte ich, das schrille Geklingel gehöre zu meinem Traum. Als es gar kein Ende nahm, mußte ich mit dem wie eine schwere Decke auf mir lastenden Schlaf kämpfen, ehe ich zum Hörer zu greifen vermochte. Eine weibliche Stimme redete überstürzt und in panischer Angst auf mich ein. Ich mußte all meine Sinne zusammennehmen, um zu verstehen, was sie sagte. Ihr Mann, rief die Frau erregt, habe sich im Badezimmer eingeschlossen und sei offenbar wahnsinnig geworden. Nachdem ich mir die Adresse zweimal hatte wiederholen lassen, versprach ich, sofort zu kommen, und hängte auf.

»Brookside Nr. 39«, murmelte ich vor mich hin, während ich mich zum Lichtknopf hintastete. »Brookside Nr. 39.« Wo zum Teufel war nur mein Füllhalter? »Brookside Nr. 39.« Ich mußte mir wirklich angewöhnen, stets Papier und Bleistift am Bett zu haben. Als ich die Feder gefunden hatte, notierte ich die Adresse auf dem Titelblatt des »Medical Journal«. Ich zögerte zwischen meinem alten Hemd und einem frischen und nahm mir vor, Mutter um einen langärmeligen Pullover zu bitten. Schließlich entschied ich mich für meine Pyjamajacke (blau und braun gestreift) mit einem Schlips darüber. Es sah recht merkwürdig aus, aber in der kurzen Zeit brachte ich nichts Besseres zustande, und ich lief hinunter, um das Auto herauszuholen. Gleich darauf mußte ich nochmals ins Schlafzimmer zurück, um das Blatt mit der Adresse abzureißen.

Es war angenehm, schnell und ohne Behinderung durch die menschenleeren, mondbeschienenen Straßen zu fahren. Ich schnitt Ecken ab, nahm Kurven auf der verkehrten Seite und wachte endlich völlig auf, als die kalte Nachtluft mir ins Gesicht wehte.

Die Haustür von Brookside Nr. 39 stand offen, und aus der Diele fiel ein schräger Lichtstrahl über den Garten. Auf der Schwelle bemerkte ich die Gestalt einer schlanken Frau, die ihren Schlafrock fest um sich gewickelt hielt.

»Ich kann nichts erreichen bei ihm«, begrüßte sie mich hastig, und auf ihrem angstvollen Gesicht waren Tränenspuren zu sehen.

Sie ging mir voran die Treppe hinauf.

»Er ist im Badezimmer«, fuhr sie fort, »aber er läßt mich nicht herein – seit zwei Stunden versuche ich's.« Sie schneuzte sich die Nase und zog die Schnur ihres Morgenrocks noch fester an. Wir standen auf dem schmalen Treppenabsatz vor dem Badezimmer.

Ich lauschte, aber kein Laut war zu hören. Ich setzte mein Köfferchen ab, nahm den Türknauf fest in beide Hände und versuchte so langsam, daß ich hoffte, es werde nicht zu bemerken sein, die Türe zu öffnen. Alles blieb ruhig, nur mein Atem war hörbar, bis die Tür so weit nachgab, daß man gerade eine Messerklinge hätte dazwischenstecken können. Da brüllte jemand wütend aus dem Badezimmer: »Mach das Licht aus, du verdammter Narr!«

Ich schloß die Türe rasch und hörte: »Duck deinen Kopf, zum Teufel, duck deinen Kopf! So ist's recht. Man hört nichts von den Deutschen.« Die Stimme sank zu einem verschwörerhaft befehlenden Flüstern ab: »Wenn ich bis drei zähle, gibst du Feuer.«

Es trat Stille ein. Die junge Frau verkrampfte die Hände und blickte ängstlich nach oben, als erwarte sie den Knall.

»Eins«, kam es aus dem Badezimmer, mein Herz klopfte.

»Zwei.« Unten schnurrte irgendwo eine Katze.

»Drei.«

Plötzlich wußte ich, was zu tun sei.

»Was war er beim Militär?« fragte ich rasch.

»Sergeant«, hauchte sie. »Artillerie.«

»Feuer!«

Es war ein mächtiges, laut widerhallendes Gebrüll. Unter der Deckung des Lärms stürzte ich ins Badezimmer, die Türe hinter mir zuschlagend. Ich spürte, wie jemand neben mir zornig schnaufte, und sah zwei helle Augen sich in die meinen bohren.

»Sergeant«, flüsterte ich, und bei dieser Anrede hielt er den Atem an, »Sergeant, Sie sind verwundet – am Arm.«

Ich fühlte, wie er sich am Arm hinabstrich. »Das hat nichts zu bedeuten. Wer ist denn das? Johnson?«

»Jawohl, Sergeant. Da ist irgendwo ein Heckenschütze – hat Sie am Arm erwischt.«

Er hielt noch immer seinen Arm umfaßt. »Haben wir *sie* erwischt?«

»Auf der Nase, Sergeant.«

»Die Schweine, die dreckigen.«

»Glauben Sie, daß Sie mit Ihrem Arm auf dem Bauch kriechen können?« fragte ich. »Es ist jetzt ganz still. Wir können ihn verbinden.«

»Meinen Sie?« fragte er. Dann flüsterte er rauh: »Duckt eure verdammten Köpfe, bis ich zurückkomme. Korporal, Sie übernehmen den Befehl. Kein Reden, kein Rauchen und keinen von euren verfluchten Köpfen aus dem verfluchten Graben 'rausgestreckt!«

Die Sache hatte einen Haken. Das Licht in der Diele brannte. Ich wußte nicht, was geschehen würde, wenn wir in die Helligkeit hinauskamen.

»Lichter aus!« zischte ich durch den Spalt, und zum Glück hörte mich die junge Frau, die, auf jeden Laut begierig, dicht hinter der Tür stand. Es erfolgte ein ermutigendes ›Klick‹.

Ganz leise öffnete ich und kroch in den dunklen Gang hinaus. Den Sergeanten hörte ich hinter mir herschleichen. Ich merkte, daß seine Frau ganz nahe stand, und flüsterte ihr zu, sie möchte vorangehen.

»Wer ist da?« fragte hinter mir die Stimme in höchster Spannung.

»Maul halten, Sergeant«, faßte ich Mut zu erwidern. »Es ist bloß der Sanitäter.«

Mit einem grunzenden Laut wurde dies zur Kenntnis genommen.

Zoll um Zoll durchmaßen wir drei – es mußte ein groteskes Bild sein – den kurzen Weg durch den Gang ins Schlafzimmer. Dort blieben wir einen Augenblick still auf dem Boden liegen. Es war mir nicht wohl bei der Vorstellung, daß wir jetzt, sobald wir Licht machten, geliefert sein würden. Nur eine Chance hatten wir.

»Taschenlampe?« flüsterte ich der Frau vor mir zu.

Ich wartete, während sie sich an eine Schublade heranschob, um mir gleich darauf eine in die Hand zu drücken.

»Bleiben Sie liegen, Sergeant«, sagte ich leise. »Der Sanitäter schient jetzt den Arm.«

Ich kroch an ihm vorbei, öffnete im Schein der Taschenlampe mein

Köfferchen auf dem Treppenabsatz und füllte eine Spritze mit Paraldehyd.

Er lag bäuchlings auf dem Boden und ließ den Arm schlaff an sich herunterhängen.

»Nur ein kleiner Stich, Sergeant«, sagte ich mit fester Stimme. Und schneller, als ich jemals gearbeitet hatte, packte ich sein Bein, schob die Pyjamahose in die Höhe und stieß ihm die Nadel in den Oberschenkel.

»Okay, jetzt«, sagte ich und leuchtete mit der Lampe das Zimmer ab, um mich zu orientieren. »Hopp, auf die Tragbahre mit Ihnen, Sergeant. Helfen Sie mir bitte, Schwester.«

Die Frau des Patienten spielte die ihr zugewiesene Rolle, und gemeinsam hißten wir ihn aufs Bett.

»Muß wieder zurück«, protestierte er und fügte dann undeutlich, schon halb betäubt, hinzu: »Wenn die Kerle bloß ihre verdammten Köpfe . . .« Er sank in die Kissen; ich knipste das Licht an.

Die Frau nahm ihr eigenes Federbett und breitete es zärtlich über ihn. In ihren Augen standen Tränen.

»Wie soll ich Ihnen danken«, begann sie. »Als es das letztemal passierte, haben sie ihn mitgenommen. Sie haben nicht begriffen, was los ist. Morgen früh ist er wieder beieinander und wird sich, wie jedesmal, an nichts erinnern.«

»Passiert ihm das oft?« wollte ich wissen.

»In den letzten Jahren nicht mehr oft, aber ich habe immer so schreckliche Angst. Manchmal denke ich, wenn ich jetzt was Verkehrtes sage, dann bringt er mich um. Aber ich will ihn nicht fortgeben, Herr Doktor. Ich hab' ihn lieb, und er weiß von der ganzen Sache überhaupt nichts.«

»Er hat im Krieg wohl Schweres erlebt?«

Die junge Frau nickte.

»Zuletzt war er drei Tage in einem Tank eingeschlossen und konnte nicht 'raus. Das muß doch jeden um den Verstand bringen. Und dabei ist er sonst die meiste Zeit sanft wie ein Lamm.«

»Kinder?«

Zum erstenmal lächelte sie. »Drei«, nickte sie, blickte dann jedoch gleich wieder ihren Mann an.

Sie bot mir eine Tasse Tee an, die ich dankend ablehnte, denn ich wollte so schnell wie möglich ins Bett zurück und bat sie, mir zu berichten, falls ihr Mann beim Erwachen nicht wieder »wie gewöhnlich« sei. Sie sagte, sie dürfe ihn auf keinen Fall über das, was geschehen war, aushorchen, das wisse sie, und damit wünschten wir einander gute Nacht.

Es war vier Uhr, als ich wieder im Bett lag, und ich warf mich eine Stunde lang von einer Seite auf die andere, weil das Bett inzwischen kalt geworden war. Schließlich stand ich auf und legte meinen Überzieher über die Decke, worauf ich schlief wie ein Bleiklotz, bis Mrs. Little um halb acht die Vorhänge zurückzog und düster bemerkte, es »könnte ein schönerer Tag sein«.

Mein Sprechzimmer war stets leidlich voll. Sowohl morgens wie nachmittags hatte ich fünfzehn bis zwanzig Patienten mit Husten, Schnupfen, allen möglichen Schmerzen, Wunden und Verletzungen. Ich unterzeichnete Krankenzettel, schrieb Briefe, gab Rezepte, Ratschläge und Einspritzungen. Ich spülte Ohren durch, lauschte auf Atemgeräusche und nähte Hautrisse. Ich beruhigte Kinder und tröstete Mütter, teilte Arznei und Hoffnung und Bruchbänder aus. Langsam faßten die Patienten Vertrauen zu mir und ich zu ihnen. Wenn ich jemanden vor mir hatte, der offensichtlich fand, was ich für ihn tat, könne anders und vermutlich besser gemacht werden, oder der dauernd brummte: »Die Medizin von Ihnen hat mir überhaupt nicht geholfen« oder: »Meine Frau sagt, diese Pillen nützten gar nichts, weil ihre Schwester dasselbe für eingewachsene Fußnägel bekam«, pflegte ich zu erwidern, es wäre sicherlich für uns beide besser, wenn sie sich einen anderen Arzt suchten, da ich ihnen ja nicht zu helfen vermöchte. Zuweilen folgten sie diesem Vorschlag, zuweilen aber – nachdem sie bereits bei allen übrigen Ärzten gewesen – versuchten wir es noch einmal miteinander und kamen mit der Zeit besser aus.

Manchmal gingen Tage hin, bis ich etwas Ernsteres zu sehen bekam als einen Furunkel oder ein Überbein, ein andermal aber konnte aus heiterem Himmel der Tod sein düsteres Antlitz zeigen.

Mrs. Anderson war eine Vierzigerin, groß und schlank, mit einem bezaubernden fünfjährigen Töchterchen, Wendy. Wendy, so berichtete ihre Mutter, hustete nachts dauernd, seit sie vor drei Wochen erkältet gewesen sei. Sie hätte gern, daß ich ihr etwas verschriebe, weil der Husten sie nicht schlafen lasse. Die Kleine zeigte mir strahlend einen Serviettenring, den sie morgens im Kindergarten geflochten hatte, und ließ sich widerspruchslos die Lungen abhören. Eine kleine Stelle horchte ich dreimal ab, und was ich vernahm, freute mich gar nicht. Während ich dem Kind half, sein Hemdchen wieder anzuziehen, wobei ich Sorge trug, das Kunstwerk nicht zu zerdrücken, das es nicht aus der Hand ließ, sah ich, wie die Mutter ihm stolz zulächelte. Ich schickte Wendy ins Wartezimmer voraus und merkte, wie Mrs. Anderson fragend die Augenbrauen hochzog und etwas ängstlich dreinschaute.

»Es ist doch nichts weiter, Herr Doktor?« fragte sie mit etwas gewollter Unbekümmertheit.

»Ich fürchte, leider doch. Mit Wendys Herz ist etwas nicht ganz, wie es sein sollte.« Im Gedanken an das schwere angeborene Herzleiden, das ich soeben festgestellt hatte, konnte ich mich nicht dazu überwinden, das Bild in sehr rosiger Farbe zu malen.

»Ach, das ist ja aber nicht möglich«, wehrte sich Mrs. Anderson. »Das kann doch nicht das Herz sein! Wendy war doch immer ein so gesundes Kind.«

Ich erklärte ihr, daß ich die Unregelmäßigkeit zufällig entdeckt hatte, als ich die Lungen der Kleinen abhörte, und daß Wendy von nun an ein ungemein ruhiges Leben führen und sich in keiner Weise anstrengen sollte. Es schien so lächerlich, dergleichen über ein Fünfjähriges zu verhängen, das so munter wie ein Füllen daherkam – aber es ging um Leben und Tod. Zum Glück gehörte Mrs. Anderson zu den vernünftigen Müttern. Sie weinte nicht und führte sich nicht hysterisch auf. Ich glaube, sie konnte auch nicht sofort den Ernst dessen, was ich ihr eröffnet hatte, ganz erfassen. Sie stellte mir mit ruhiger Stimme sachliche Fragen darüber, wie das Kind zu behandeln sei, und gelobte, sie künftig keinen Augenblick aus den Augen zu lassen. Wendy, so sagte sie mir, sei ihr einziges Kind, und sie und ihr Mann hätten ziemlich spät geheiratet. Ihr Gatte hätte sich einer Operation unterziehen müssen und sei nicht mehr imstande, ihr weitere Kinder zu schenken. Für jede andere Mutter wäre mein Bescheid schrecklich gewesen – für Mrs. Anderson war er vernichtend. Sie stimmte meinem Vorschlag, einen Spezialisten beizuziehen, zu, und ich versprach ihr, Sir Monmouth Higgins, eine große Autorität auf dem Gebiet der Herzkrankheiten und einen meiner früheren Chefs, zu bitten, daß er sich Wendy so bald wie möglich ansehe.

»Und was ist für die Zukunft zu erwarten?« fragte Mrs. Anderson und machte sich mit ihren Handschuhen zu schaffen; sichtlich bangte ihr vor der Antwort, die sie von mir empfangen würde.

»Das ist vor einer gründlichen Untersuchung schwer zu sagen.« Sie erhob sich und strich ihren Mantel glatt.

»Ich kann es einfach nicht glauben«, sagte sie. »Wie soll ich das David nur sagen?« Sie zog ihre Handschuhe über und mühte sich, ihre Erregung zu meistern. »Sie lassen mich wissen, wann der Spezialist sie untersuchen kann, nicht wahr?«

»Selbstverständlich.« Es war nichts mehr zu sagen, und ich hielt ihr die Türe auf. Sie war in heller Stimmung gekommen und ging düster fort. Im Wartezimmer stand ihr Töchterchen auf einem Stuhl und sah den vorbeifahrenden Autos zu.

»Komm, Wendy«, sagte Mrs. Anderson. Da fing sie meinen Blick auf und hob die Kleine vom Stuhl, ehe sie herunterspringen konnte.

»Wo ist mein Seffiettenring?« fragte Wendy, wobei sie auf reizende Weise mit der Zunge anstieß. Eine Frau reichte ihn ihr vom Tisch herüber und lachte ihr herzlich zu.

Wir Ärzte sind an Krankheit und Tod, Angst und Schmerz gewöhnt. Wir dürfen uns von unseren Empfindungen nicht übermannen lassen, denn sonst bliebe uns keine Kraft zu unserer Arbeit übrig. Doch das frohe Lächeln, mit dem Wendy mir Lebewohl zuwinkte, gab mir einen Stich durchs Herz, und ich fühlte mich geschlagen, unfähig. Ich lächelte zurück und vergrub mein Mitgefühl tief im Inneren, wo niemand seiner gewahr werden konnte.

»Der nächste, bitte«, rief ich. Die Sprechstunde ging weiter.

SECHSTES KAPITEL

Auf meinem Frühstücksteller lag eine Karte von Sylvia. Das Bild darauf zeigte eine Ansicht des saronischen Golfs. Der helle Sand und das klare Wasser unter dem leuchtenden attischen Himmel verlockten den Beschauer förmlich, hinzukommen. Draußen stürzten Regenschauer ununterbrochen aus bleiernem Himmel. Ich fühlte Mißmut in mir aufsteigen und wünschte mich nach Kalamaki (so lautete der glanzvolle Name auf dem Poststempel), um mit Sylvia am Meeresstrand faulenzen zu können. Dann wandte ich die Karte um und las, was sie schrieb.

»Mein Lieber«, begann sie, »dies ist der schönste Ort auf der Welt. Jedesmal, wenn die Sonne untergeht, möchte ich heulen. Land und See werden rosa und violett, nie habe ich etwas Herrlicheres gesehen. Wie geht's mit der Praxis?« (Als ob ihr daran etwas läge!) »Ich habe gesegelt« (mit wem wohl?), »geschwommen und mich an den unzähligen Tempeln rundherum gebildet. Wunderbare Sonne und wunderbares Essen! Komme nächste Woche heim. Einen langen Kuß (falls du noch einen willst). Ich denke an Dich. S.«

»Der Toast ist schon etwas angebrannt«, unterbrach Mrs. Littles

Stimme brutal meinen Tagtraum, und sie stellte den Brotkorb hart auf den Tisch ab. Ich knurrte sie an, sie begriff und ging hinaus, und ich wandte mich meinem kaltgewordenen Spiegelei zu. Sylvias Karte hatte mich aufgestört, den alten Schmerz wachgerufen – und ich beschloß in meiner schlechten Laune, Mrs. Little über ihre elende Kocherei zur Rede zu stellen. Nach zweijähriger Assistenzzeit in Spitälern war ich zwar an die schlechte Zubereitung des Essens gewöhnt, die sich mit eintöniger Regelmäßigkeit wiederholte. Allein, Mrs. Littles Gemantsch mußte man gesehen haben, um so etwas überhaupt für möglich zu halten. Ihr Mangel an Phantasie beim Kochen suchte seinesgleichen. Zu ihren faden Fisch- oder Fleischspeisen tischte sie zerfallende Haufen von Salzkartoffeln auf; von Gemüse schien sie nie gehört zu haben. Ich war sicher, daß ich demnächst die für Skorbut symptomatischen Zeichen an meinen Armen wahrnehmen würde. Es war höchste Zeit, diesem Zustand ein Ende zu bereiten. Als ich meinen Tee getrunken hatte (ihren Versuchen, mir Kaffee vorzusetzen, hatte ich längst Einhalt geboten), begab ich mich in die Küche, um dem Löwen in seiner Höhle entgegenzutreten. Dies bereute ich sogleich, denn sie saß da und knabberte ein Stück Knäckebrot, während ich, vor ihr stehend und somit ohne festen Stützpunkt, ihr gegenüber im Nachteil war.

»Ich wollte nur einmal wegen der Mahlzeiten ... Mrs. Little«, begann ich, indem ich mich auf den Absätzen vor- und rückwärts wiegte.

»Wegen der Mahlzeiten, Herr Doktor?«

»Ja, wegen der Mahlzeiten, Mrs. Little.« Ich dachte daran, wie meine Mutter grundsätzlich schwieg, wenn es sich um Haushaltshilfen handelte, weil sie keinen Augenblick vergaß, daß sie stets bereit waren, ihr Bündel zu packen, falls man etwas auszusetzen hatte. Ich war jedoch zum Angriff übergegangen, und so beschloß ich zu sagen, was unter den gegebenen Umständen unerläßlich geworden war.

»Ist Ihnen etwa ein Uhr zu früh?« erkundigte sich Mrs. Little. »Ich dachte, wenn Sie schon um achte frühstücken, sollten Sie nicht später zu Mittag essen.«

»Es handelt sich nicht um die Zeit, Mrs. Little, sondern um das Essen selbst. Sie könnten etwas mehr Abwechslung hineinbringen.«

Sie setzte ihre Tasse ab und betrachtete mich nachdenklich.

»Zum Beispiel was?«

»Na, wie wäre es mit etwas frischem Gemüse?«

»Grünzeugs«, sagte sie, und bei ihren Worten stieg vor meinem inneren Auge eine Schüssel voll schwimmender Spinatblätter in einer Wasserlache, kraftlos wie nasse Putzlappen, auf.

»Erbsen vielleicht?« schlug ich vor.

»Zu früh.«

»Also irgendwas«, erwiderte ich, während meine Selbstsicherheit schwand. »Und wenn wir mal etwas anderes Fleisch haben könnten, oder auch etwas frischen Fisch?«

»Schellfisch mit Petersiliensauce?« ließ sie sich zweifelnd vernehmen. »Hab' nicht gedacht, daß das was für Sie wär'.«

So, wie sie es vorbrachte, kam es mir auch nicht mehr als das Richtige vor. Ich bereute, dieses unerquickliche Gespräch überhaupt begonnen zu haben.

»Selber ess' ich ja nie was außer ein Stückchen Brot mit Konfitüre oder einem Knäckebrot. Aber wenn Sie mir irgendwas vorschlagen, kann ich's schon in den Ofen schieben.«

Offensichtlich war ihr Kopf unfähig, Höheres als Salzkartoffeln und Hackfleisch zu erfassen. Ich kapitulierte.

»Nun, also, wie Sie wollen, Mrs. Little. Ich schreibe vielleicht meiner Mutter und frage sie, was ich gern esse.«

Sie stand auf und trat bedrohlich nahe an mich heran. »Natürlich, wenn Sie mit meinem Kochen nicht zufrieden sind ...«

Ich wich zurück. »Das dürfen Sie nicht denken, Mrs. Little. Ich dachte nur, daß ... daß ... Sie vielleicht manchmal irgend etwas anderes ...« Ich blickte auf meine Uhr. »Es ist Zeit für die Sprechstunde. Kümmern Sie sich nicht um das, was ich gesagt habe.«

Mrs. Little sah besänftigt aus. »Na, gut, Herr Doktor.« Sie zeigte mit dem Kinn auf den Herd: »Hab' zu Mittag ein hübsches Stückchen Fleisch aufgesetzt.«

Als ich auf dem Weg zum Sprechzimmer über die Diele ging, hörte ich draußen ein unsicheres Klopfen. Ich öffnete die Tür und erblickte ein nicht eben sauber gewaschenes kleines Mädchen, das in dem Bemühen, sich an die ihm aufgetragene Bestellung zu erinnern, krampfhaft die Finger drehte.

»Ist der Herr Doktor daheim?« fragte das Kind.

»Ich bin der Herr Doktor!«

»Ach, könnten Sie bitte nach Wattle Way Nr. 95 kommen? Mutter hat Bauchweh, und die Ethel hat so kleine Würmer.«

»Sag deiner Mutter, ich käme nach der Sprechstunde vorbei«, antwortete ich und schrieb die Adresse auf. Sie hopste den Gartenweg entlang, an dessen Ende fünf weitere schmutzige Kindergesichter über den Zaun guckten.

Nach beendeter Sprechstunde ging ich ins »Morgenzimmer«, wo meine Tasse Tee und die Besuchsliste mich erwarteten, und erblickte einen fremden dicken Mann, der sich zum Büchergestell hinabbeugte, um die Titel der dort eingereihten Werke zu lesen, und dabei ein ums andere Mal murmelte: »Famos! Wirklich famos!«

Als er mich eintreten hörte, richtete er sich auf und streckte mir die Hand hin: »Lieber Freund – mein lieber Freund – warum haben Sie mich das bloß nicht wissen lassen?«

Ich ergriff die dargebotene Hand, die er voll Begeisterung wie einen Pumpenschwengel schüttelte.

»Sie was wissen lassen?«

»Daß Sie Golf spielen«, sagte er. »Golf. Was ist Ihr Handicap?«

»Ich spiele bis auf neun«, gab ich bescheiden Auskunft.

»Mein Guter«, stöhnte er. »Was haben wir auch Zeit verschwendet! Ich bin Loveday, Zahnarzt. Daß ich nicht schon längst gekommen bin! Wußte nicht, daß Sie spielten. Wann können wir eine Partie machen?«

Ich bat Mr. Loveday, Platz zu nehmen, und suchte mich zu besinnen, wer er eigentlich sei. Er war also, wie es schien, einer der hiesigen Zahnärzte und gekommen, erstens um meine Bekanntschaft zu machen und mich zweitens zu fragen, ob ich eine Narkose bei ihm übernehmen wolle.

»Eine halbe Guinee«, sagte er, »für zehn Minuten Arbeit und ein bißchen Stickstoffoxyd! Doch nicht zu verachten.«

»Ich übernehme nicht gern Narkosen«, wehrte ich ab. »Nein, ich möchte wirklich nicht.«

Er betrachtete mich, als könne er seinen Ohren nicht trauen.

»Eine halbe Guinee«, wiederholte er. »Doch anständig bezahlt.« Sein rundliches Gesicht strahlte in heller Röte.

»Nehmen Sie mir's nicht übel, ich möchte lieber nicht«, entgegnete ich. »Aber es war sehr nett von Ihnen, mich darum zu bitten.«

»Immer gern zu Diensten. Immer gern zu Diensten. Eine raschverdiente halbe Guinee ist ja nicht zu verachten. Aber wenn Sie durchaus nicht wollen . . .«

Er trank den angebotenen Tee, zog ein Taschentuch aus dem Ärmel, wischte sich den Mund und rieb an einem Tropfen herum, der ihm auf die Hose gespritzt war. »Also wegen unseres Golfspiels«, fing er wieder an. »Wie wäre es mit heute nachmittag?«

»Heute nachmittag?« sagte ich. »Das ist mir leider unmöglich.«

»Um diese Jahreszeit haben Sie doch nicht so viele Besuche zu machen«, widersprach er. »Sind ja auch noch nicht so lange hier.«

»Ich muß aber auf Abruf daheimbleiben«, erklärte ich. »Sonst macht es einen schlechten Eindruck. Ich kann doch nicht so einfach herumspazieren und Golf spielen.«

»Stehen Sie denn noch nicht auf der Liste?«

»Auf was für einer Liste?«

»Mein Gott, was ist denn das nur mit dem Mädchen!« stöhnte er und erhob sich. »Los, kommen Sie, ich nehme Sie mit.«

»Mädchen? Was für Mädchen?«

»Die von der Liste. Kommen Sie bloß. Wir fahren in meinem Wagen. Geht rascher.«

Ich wollte einwenden, daß ich Patienten erwarte, aber man konnte den Mann nicht unterbrechen, und so schwieg ich. Mutters Bauchweh und Ethels kleine Würmer konnten wohl auch noch eine halbe Stunde warten!

Während unserer kurzen Fahrt in seinem prachtvollen Bentley pries mir Mr. Loveday die Vorzüge des hiesigen Golfplatzes. Ich sah das Gelände vor mir – »herrlich«, sagte er, »nur vielleicht etwas zu klein« –, die geraden, schmalen Spielflächen mit den in Blüte stehenden Rhododendronbüschen und dem wundervollen Blick vom zehnten Loch aus.

Wir hielten vor einem winzigen Häuschen in einer engen Straße mit lauter ebensolchen Häuschen. Das Messingschild am Gartenzaun trug die Aufschrift »Dr. med. Phoebe Miller«.

»Dr. med.!« bemerkte ich beeindruckt.

Lovedays Posaunenengelgesicht runzelte sich unter einem breiten Lächeln. »Sie kennen unsere Phoebe noch nicht«, gab er zurück. »Ein tüchtiges Mädchen. Ein tüchtiges Mädchen.«

Wir läuteten, und als die Tür aufging, schlüpften behende zwei Pudel heraus und wirbelten uns um die Beine.

»Platz, ihr Biester! Platz, hört ihr?« befahl ihre Herrin und erschien nach ihnen im Rahmen der Haustür.

Phoebe Miller war ein kleines Persönchen mit ungeschminktem, ungepudertem Gesicht und unordentlichem Grauhaar, das sie am Hinterkopf in einen Knoten aufzustecken versucht hatte. Mr. Loveday stellte mich vor, worauf wir alle drei nebst den beiden Hunden uns über die schmale Diele ins Wohnzimmer begaben. Dort standen drei Lehnsessel; zwei davon waren von fest im Schlaf zusammengeringelten rotbraunen Katzen besetzt, auf dem dritten lag ein Stoß alter Zeitungen. Mr. Loveday hob ohne viel Federlesens die eine der schlafenden Katzen auf und nahm sie, nachdem er sich hingesetzt, auf den Schoß, was sie nicht im geringsten zu stören schien.

Dr. Miller hockte sich auf die Lehne des zweiten Sessels, und ich ließ mich nach einigem Zögern auf dem Zeitungsstoß nieder.

Mr. Loveday kam sofort zur Sache.

»Warum haben Sie den Burschen da nicht in die Liste aufgenommen, Phoebe?« wollte er wissen. »Wir haben doch keinen Gewerkschaftszwang, oder?«

»Seien Sie doch nicht albern, Mortimer – ich bin bloß noch nicht dazugekommen, weiter gar nichts.« Sie sah mich an. »Ich bin im Gegenteil sehr froh, Herr Kollege. Mit Ihnen sind wir dann zu fünft auf der Liste. Wir vier Frauen und Sie. Macht einmal alle fünf Wochen Sonntagsdienst und einmal Vertretung jeden fünften Montagnachmittag, Weihnachten, Neujahr und sonstige Feiertage im Turnus. Gladys tippt Ihnen eine Liste davon. Über die Ferien einigen wir uns jeweils. Ich gehe im August weg, Carter im Juli, Halliday im Juni, Greer im Mai. Hoffentlich sind Sie Wintersportler, Kollege.« Sie lachte hell auf und erhob sich dann, als das Telefon läutete.

Sie meldete sich, hörte ein Weilchen zu und gab dabei in Abständen grunzende Zwischenlaute von sich. Zum Schluß sagte sie: »Ich kann nichts dafür, wenn Ihr Mann Ihnen nicht gefällt, Mrs. Granger. Kann's Ihnen nicht übelnehmen. Viel scheint ihm nicht zu fehlen, und heut' nachmittag kann ich nicht kommen. Geben Sie ihm ein Aspirin, dann komm' ich morgen früh mal vorbei.«

Sie hörte wieder zu, und man konnte vernehmen, wie die Stimme am anderen Ende weiterschnatterte.

Endlich sagte Dr. Miller: »Also, wenn Sie keins dahaben, macht es auch nichts. Es ist sowieso besser, er nimmt nichts ein. Wiedersehen.« Und sie hängte ab. »Jetzt eine Tasse Kaffee«, fuhr sie fort und schritt auf ihren flachen Sportschuhen rasch aus der Stube.

Loveday bemerkte meine hochgezogenen Brauen. »Kurzangebunden mit den Patienten, wie? Das können Sie sich auch mal leisten, wenn Sie so viele Praxisjahre hinter sich haben wie sie. Die Leute haben nichts lieber. Können gar nicht genug davon kriegen. Aber mißverstehen Sie mich nicht. Phoebe ist ein guter Arzt. Der beste im ganzen Bezirk, wenn Sie mich fragen. Hat auch die Hälfte seiner Bewohner in die Welt befördert.«

Dr. Miller kam mit drei an den Rändern abgestoßenen Tassen auf einem Blechbrett wieder herein. Mit einem einzigen Löffel rührte sie in allen dreien herum.

Der Kaffee sah schauderhaft aus, schmeckte aber gut. Sie warf mir einen freundlichen Blick zu, und ich fühlte die selbstlose Güte unter ihrem barschen Äußeren. Ich war ihrem Typ schon mehrfach in Krankenhäusern begegnet und wußte, daß solche Frauen wenig für Simulanten übrig hatten, für wirklich Kranke aber die reinsten Engel vom Himmel waren.

»Wie geht die Praxis?« erkundigte sie sich.

»Recht ordentlich.« Unter ihrem unnachgiebigen Blick kam ich mir vor wie ein Abc-Schütze.

Sie schüttete ihren Kaffee hinunter. »Lassen Sie sich nur gleich von Anfang an nichts bieten. Beginnen Sie gleich so, wie Sie weiterzumachen gedenken. Lassen Sie Ihre Patienten morgens nur bis halb elf anrufen, wenn sie einen Besuch wünschen, sonst kriegen Sie nie Ruhe und können zehnmal in die gleiche Straße und wieder zurück fahren. Im Sommer nicht so arg, aber im Winter unmöglich! Ist auch nicht gut für die Vertretung. Wenn man während der Dienststunden fünfzehntausend Patienten auf dem Hals hat, ist es für uns alle schwierig, den ganzen Tag für Besuche zu verwenden, die am Vormittag hätten erledigt werden sollen.«

»Danke für den Rat«, sagte ich. »Doch da wir von Besuchen sprechen: ich muß jetzt leider gehen und meine heutigen hinter mich bringen.«

»Warten lassen, ruhig warten lassen«, sagte sie und nahm die leeren Tassen fort, um sie auf den Kaminsims zu stellen.

Sie begleitete uns zur Haustür und klopfte mir beim Hinausgehen aufmunternd auf die Schulter.

»Lassen Sie sich bloß nicht einschüchtern«, riet sie mir, »und vor allem: Lassen Sie sich nichts gefallen.«

»O Phoebe, ich hab' ja ganz vergessen«, rief Mr. Loveday. »Ich weiß, es ist nicht Montag, aber wir sollten heut nachmittag ein bißchen Golf spielen . . .«

»Bei diesem Wetter?« Dr. Miller sah zum Himmel auf, von dem es noch immer herabrieselte.

»Auf dem Golfplatz regnet es bekanntlich nie«, lachte Loveday. »Sie kommen doch, was?«

»Ich bin wahrhaftig gutmütig«, erwiderte Phoebe und schloß ohne weiteres Wort die Tür hinter uns.

»Na, kommt sie nun oder kommt sie nicht?« fragte ich.

Loveday faßte mich am Arm. »Natürlich kommt sie. Ein patenter Kerl, diese Frau.«

Die Verstimmung, mit der ich den Tag begonnen hatte, hob sich, und trotz des Regens, Sylvias Karte und Mrs. Littles Kocherei überkam mich ein Hochgefühl. Noch drei Stunden, und ich konnte all meine Kümmernisse vergessen, sobald ich beim Golfspiel war. Das Leben war wunderbar.

SIEBTES KAPITEL

Mrs. Sweeney, die Schulleiterin vom unteren Ende der Straße, saß mir gegenüber im Sprechzimmer und bat mich in entschuldigendem Ton, ihr große Mengen Watte, Gazebinden sowie Betäubungsmittel und Salben für ihren Mann zu verschreiben. Sie war eine Frau in der Mitte der Dreißiger, auf deren Stirn in vier oder fünf Linien die Sorgen der ganzen Welt verzeichnet standen.

»Soviel ich weiß, habe ich Ihren Gatten noch nicht gesehen, Mrs. Sweeney, oder?« fragte ich.

»Ach, ich wollte Sie nicht weiter behelligen, Herr Doktor«, erwiderte sie. »Ich weiß, wieviel Sie zu tun haben, und es handelt sich ja nur um die Pflege. Man hat ihm vor zehn Jahren einen Gehirntumor operiert, aber voriges Jahr hat er wieder zu wachsen angefangen, und man konnte nicht mehr operieren. Es geht ihm langsam immer schlechter – man kann es kaum mit ansehen.«

»Ich möchte mir doch gern selbst ein Bild machen«, sagte ich. »Ich komme heute vormittag bei Ihnen vorbei.«

»Das ist sehr freundlich von Ihnen, Herr Doktor, sehr freundlich«, dankte mir meine Besucherin.

Als sie gegangen war, sah ich mir Sweeneys Patientenkarte an und stellte fest, daß sein Tumor im Hirnanhang saß und daß er bis zum letzten Jahr, wie seine Frau gesagt hatte, wohlauf schien.

Während ich nach der Sprechstunde die Straßen überquerte, wappnete ich mich innerlich gegen den »schauderhaften Gestank«, von dem mir Mrs. Little erzählt hatte. Es war daher eine angenehme Enttäuschung für mich, ein sauberes und gepflegtes Haus zu betreten, in dem nur ein leiser Hauch von Krankenzimmerluft zu verspüren war, wie man es nicht anders erwarten konnte.

Sweeney lag auf dem Rücken und starrte mit blinden Augen zur Decke empor. Seine Frau war, als ich läutete, gerade dabei gewesen, ihn zu rasieren, und sie fuhr nach unserem Eintreten mit ihrer Arbeit fort.

Sie hielt den Rasierapparat fest und sicher in der Hand und führte ihn vorsichtig über die Wangen des Mannes, indem sie mit der anderen Hand die Haut spannte. Sweeney hob den Arm mit dem schwachen Versuch, nach dem Apparat zu greifen. Geduldig legte sie ihn wieder aufs Bett zurück.

»Komm, halt schön still«, redete sie ihm zu. »Du mußt anständig aussehen, der neue Herr Doktor will dich ansehen.«

Sie wandte sich mir zu:

»Er versteht nicht mehr, was ich zu ihm sage, aber aus Gewohnheit rede ich weiter mit ihm. Er brummt nur noch so vor sich hin, aber ich meine immer, vielleicht würde er meine Stimme vermissen, wenn ich ganz schweige.«

Sie beendete die Arbeit, und Sweeney kehrte seine umflorten Augen nach der Seite, wo sie stand, während ein breites Lächeln sein Gesicht überflutete.

»Sehen Sie«, sagte sie. »Manchmal denke ich, er versteht doch. Es ist ganz unheimlich, wenn er einen so ansieht. Man möchte fast schwören, daß er einen sehen kann. Aber er kann ja nicht mehr – schon seit der letzten Weihnacht.«

Ich sah ihn mir an, doch war da ärztliche Hilfe umsonst. Seine Haut war in leidlichem Zustand, und ich stellte fest, daß ihm die sorgsamste Pflege zuteil werden mußte, wozu täglich zweimalige Packungen und Alkoholabreibungen gehörten. Seine wenigen Wundstellen waren frisch und sachkundig verbunden. Er vermochte seine Körperfunktionen nicht im geringsten mehr zu beherrschen, doch war sein Bett so gut gehalten wie in jedem Spital. Ich dachte an Mrs. Littles abfällige Worte über Mrs. Sweeneys mangelnde Fürsorge für ihren Mann, und Zorn stieg in mir auf.

»Wer hilft Ihnen bei der Pflege?« fragte ich, während sie behutsam die Bettdecke wieder über ihn breitete.

»Niemand. Ich mache es allein. Um sechs Uhr früh stehe ich auf, weil ich gut zwei Stunden brauche, ihn tadellos herzurichten, ehe ich zur Schule muß; und abends hab' ich dann nochmals zwei Stunden mit ihm zu tun. Tagsüber sieht Mrs. Russell von nebenan nach ihm und gibt ihm das Mittagessen, das ich gekocht habe. Nicht, daß irgendwas geschehen könnte, während ich fort bin. Er kann sich ja nicht mehr rühren, nicht mal umdrehen kann er sich noch allein. Deswegen wird er jetzt auch öfters wund.«

»Möchten Sie nicht vielleicht, daß ich versuche, ihn irgendwo unterzubringen?« fragte ich.

Mrs. Sweeney schüttelte den Kopf.

»Ich weiß schon, daß er jetzt nicht mehr viel anderes zu sein scheint als ein Tier«, sagte sie sanft. »Aber er ist alles, was ich habe.

Jedenfalls denke ich gern, daß er mich noch kennt und es schrecklich fände, wenn ein Fremder ihn pflegen würde.«

»Ist es aber nicht zu viel für Sie?«

»Er ist mein Mann«, sagte sie. Was hätte sich darauf erwidern lassen?

Draußen im Auto notierte ich mir, daß Sweeney allwöchentlich zu besuchen sei. Meine Liste chronisch Kranker wuchs an – die Alten und Kranken waren der Hilfe nicht mehr zugänglich, aber seelisch konnte man ihnen doch mit ein wenig freundlichem Zuspruch und Interesse an ihrem Leiden, auch wenn es bergab ging, vielleicht etwas geben. Wie ich so auf die ausdruckslose Fassade des Sweeneyschen Hauses blickte, das so unpersönlich hinter den Vorhängen dalag, wurde mir plötzlich bewußt, wie vieles in dieser Vorstadtwelt hinter verhängten Fenstern vorging. Mrs. Little hatte mir die Namen und die Tätigkeit so mancher meiner Nachbarn gesagt. Nun begann ich, die Geheimnisse und Sorgen kennenzulernen, die sich hinter dem alltäglichen Äußeren verbergen.

Ich beendete meine Morgenbesuche so rasch als möglich, denn am Nachmittag wollte ich Mrs. Anderson mit der kleinen Wendy zu Sir Monmouth Higgins bringen. Wegen meines besonderen Interesses an ihrem Fall hatte ich mich erboten, sie in meinem Wagen hinzufahren und der Konsultation beizuwohnen. Wendy plapperte während der ganzen Fahrt, vor allem über ihre Schule und die Fortschritte, die sie im Rechnen machte. Stolz erzählte sie mir, daß sie jetzt beim Zusammenzählen »behalten« könne.

»Das ist fein«, lobte ich und beobachtete den hellen Blondkopf mit den meerblauen Augen im Fahrspiegel. »Kannst du auch schon wegnehmen?«

»Wegnehmen lernt man doch erst in der ersten Klasse«, antwortete sie ganz von oben herab.

»Und in welcher bist du jetzt?«

»In der Vorschule. Wissen Sie, warum das Pferd über die Mauer guckte?«

»Nein, ich weiß nicht . . .«

»Weil es nicht durchgucken konnte«, verkündete sie triumphierend.

»Das ist gut!« lachte ich. »Aber ich wette, du weißt nicht, warum das Huhn über die Straße lief.«

»Weil es auf die andere Seite wollte!« rief sie fröhlich. Sie zog ein Heftchen und einen Bleistift aus der Tasche und begann, sich Autonummern zu notieren. Wir gerieten allmählich in den Verkehr des Londoner Westends, so daß sie viel zu tun fand. Doch lange verhielt sie sich nicht ruhig.

»Weißt du«, fragte sie, in das zutraulichere Du übergehend, »was ich mal werden will, wenn ich groß bin?«

Im Spiegel bemerkte ich, wie Mrs. Anderson sich bei dieser Frage auf die Lippen biß.

»Nein«, erwiderte ich. »Was willst du denn werden?«

»Ein Junge«, erklärte sie und bog sich über den Vordersitz, bis ihr Gesicht dicht neben meinem war.

»Warum denn ein Junge?«

»Damit ich einen Bus fahren kann.«

Nun fing sie an zu singen, und gleich darauf bogen wir in die Straße ein, wo Sir Monmouth seine Praxis hatte.

Zum Glück mußten wir nicht lange in dem großen öden Wartezimmer sitzen, das Wendy aus einem nicht ganz unbegreiflichen Grund für eine Bahnhofshalle hielt.

Hochgewachsen und etwas geziert, genau wie ich ihn in Erinnerung hatte, reichte mir Sir Monmouth seine fischglatte Hand. Er erkundigte sich, wie ich mit der Praxis vorankäme, hörte sich an, was ich ihm über Wendy berichtete, und meinte dann, indem er seine Fingerspitzen wie zum Gebet zusammenlegte:

»Na, nun wollen wir uns mal die kleine Patientin anschauen.«

Wendy benahm sich sehr brav, aber die verbindliche Art Sir Monmouths war mehr angetan, einen Erwachsenen als ein Kind zu beeindrucken. Ihr fröhliches Geplauder versiegte, und sie tat alles, was von ihr verlangt wurde, in vollkommenem Schweigen, während ihre weit offenen Augen das ausdruckslose Gesicht des Untersuchenden nicht losließen.

Als er fertig war, schickte er Wendy samt ihrer Mutter wieder ins Wartezimmer hinunter und trat zu mir an den Kaminsims, auf dem, obwohl es fünf Monate nach Weihnachten war, noch immer eine Glückwunschkarte von einem Mitglied der königlichen Familie weithin sichtbar prangte. Er legte mir den einen Arm um die Schultern und strich sich mit der anderen Hand über seinen gepflegten schwarzen Schnurrbart. Dieser Geste erinnerte ich mich noch aus meiner Studentenzeit, und ich entnahm der Erregung, die sie bekundete, daß er bei seiner Untersuchung der Kleinen nichts gefunden hatte, das zu irgendeiner Hoffnung berechtigte.

»Einziges Kind?« fragte er.

»Ja.«

»Traurig«, murmelte er. Dann: »Haben Sie in der letzten Nummer der Medizinischen Monatsschrift meine Abhandlung über angeborene Herzleiden gelesen?«

Ich gestand, daß sie mir entgangen war; Sir Monmouth sah ganz aufgeregt aus.

»Zu meinem Leidwesen muß ich Ihnen sagen, daß ich mit Ihrer Diagnose durchaus übereinstimme«, sagte er und begann mit mir das riesige Zimmer abzuschreiten. »Wie Sie wohl wissen, gibt es nichts, was ich für Ihre kleine Patientin tun kann. Ich darf ja sicher annehmen, daß Sie die Mutter über die notwendige Pflege des Kindes unterrichtet haben.«

Ich bejahte, und nachdem wir die Einzelheiten des Falles durchgesprochen hatten, klingelte er nach seiner Sekretärin, um ihr aufzutragen, sie möchte Mrs. Anderson wieder heraufführen.

»Ich danke Ihnen, daß Sie mir die Kleine hergebracht haben«, wandte er sich an mich, nachdem die gewandt auftretende junge Sekretärin wieder entschwunden war. »Ich hoffe, wir werden Gelegenheit finden, in absehbarer Zukunft zusammenzuarbeiten.«

Ich überhörte die Anspielung und dankte ihm für sein Gutachten über Wendy.

Er setzte sich hinter seinen Schreibtisch und legte die Fingerspitzen aneinander, um sie aufmerksam zu studieren.

»Nur eines möchte ich noch sagen, ehe die gute Dame hereinkommt«, begann er dann von neuem, »und ich hoffe, Sie werden es mir nicht verübeln.«

»Ja?« machte ich fragend.

»Warum tragen Sie nur diese scheußliche alte Sportjacke?«

Überrascht blickte ich an meiner braunen Tweedjacke mit den ledernen Ellbogenflicken herunter. Sie war bequem, und ich hing sehr an ihr.

»Und sehen Sie sich mal Ihre Hose an, mein Guter, sehen Sie sich Ihre Hose an.«

Meine graue Flanellhose schien mir allerdings an den Knien etwas ausgebeult zu sein.

»Sie müssen sich anständige Kleider zulegen«, fuhr er fort, »wenn Sie Erfolg in der Praxis haben wollen. Sie dürfen nicht wie ein Hilfsarbeiter herumlaufen; schließlich müssen wir ja auch an unseren Berufsstand denken. – Beleidigt?«

»Nicht im geringsten. Ich danke Ihnen, daß Sie mich darauf aufmerksam gemacht haben. Mir ist das nie aufgefallen.«

»Vermutlich nicht verheiratet?«

Ich gab zu, daß ich es nicht war, und er fragte mich darauf, ob ich nicht demnächst einmal bei ihm zu Nacht speisen wolle.

»Gewiß, mit Vergnügen«, antwortete ich, aber kaum hatte ich das gesagt, kamen mir seine vier unverheirateten Töchter in den Sinn, deren wenig reizvolle Gesichter und tugendsame Manieren die Zielscheibe mancher Studentenwitze gewesen waren.

»Ich werde meiner Frau sagen, sie solle Sie einmal anläuten«, meinte Sir Monmouth darauf. Es schien kein Entrinnen zu geben.

Die Sekretärin stieß die Tür weit auf und meldete mit weicher Stimme: »Mrs. Anderson.« Mit blassem, angstvoll gespanntem Gesicht trat Wendys Mutter ein.

Als wir uns von Sir Monmouth verabschiedet hatten und wieder unten im Wartezimmer ankamen, fanden wir Wendy auf den Knien ihres Vaters sitzen, der ihr eine Geschichte erzählte. Unfähig zu arbeiten, hatte er sein Büro verlassen, um zu hören, wie die Entscheidung über Wendy ausgefallen war. Als wir eintraten, wandten sich seine Augen seiner Frau zu. Doch auf ihren Zügen war nichts Tröstliches zu lesen, und indem er Wendy behutsam aufhob und in seinen Sessel setzte, kam er quer durch den Raum auf uns zu und schloß seine Frau in seine Arme.

Ich überließ es Mr. Anderson, Frau und Kind mit heimzunehmen, und benutzte die Gelegenheit, die Medizinische Bibliothek aufzusuchen, während ich im Westend war. Ich wollte mir dort ein neues Buch über Hautkrankheiten sowie ein anderes über Kinderheilkunde holen.

In der Bibliothek mußte ich zuerst durch den Verkaufsraum für Schreibwaren, und dort wurde mein Blick durch einen Gegenstand angezogen, der auf einem der Tische ausgestellt war: ein vom Schreibtisch des Arztes zu bedienendes Leuchtschild für das Wartezimmer. Gerade stand die Inschrift unter elektrischem Strom und ließ automatisch alle paar Sekunden die leuchtendroten Worte »Der Nächste, bitte« aufblitzen, nachdem zuvor ein leichtes Surren die Aufmerksamkeit der Anwesenden auf sich gezogen hatte. Fasziniert starrte ich das Ding an und dachte dabei an die unzähligen Male, die ich tagtäglich aufstehen, um den Schreibtisch herumgehen, die Tür zum Wartezimmer öffnen und den nächsten Patienten hereinbitten mußte. Wie herrlich mußte es sein, einfach auf einen Knopf zu drücken und den »Nächsten« erwarten zu können!

Der Verkäufer gab mir Auskunft über den Preis des Schildes sowie über die Installationskosten. Doch es war eine recht teure Angelegenheit, und voller Bedauern ging ich weiter in die eigentliche Bibliothek. Beide gesuchten Bücher waren vorhanden. Beim Hinausgehen konnte ich der Lockung des regelmäßig aufblitzenden Leuchtschildes jedoch nicht widerstehen, und ohne der Stimme meines finanziellen Gewissens Gehör zu schenken, bestellte ich mir eines. Mit kindlichem Eifer fragte ich, wann es geliefert werden könne, und war enttäuscht, als ich vernahm, es werde einige Wochen dauern, da viele Bestellungen vorlägen. Ich verließ das Gebäude voll froher Erwartung, im Arm die beiden schweren Wälzer.

Beim Hinausgehen erblickte ich mein Spiegelbild in der Glastüre und sah mich plötzlich so, wie Sir Monmouth Higgins mich beschrieben hatte. Wie ein Bettelstudent sah ich aus, obwohl ich nicht gerade am Bettelstab war und meine Studentenzeit längt hinter mir hatte. Ja, ich mußte mir ein paar Anzüge anschaffen, die mir ein würdigeres Aussehen geben würden!

ACHTES KAPITEL

Am frühen Morgen des Pfingstsonntags wurde ich durch das Läuten des Telefons geweckt. Auf diese Telefoniererei hatte ich mich mittlerweise derart eingestellt, daß ich mit sicherem Griff nur den Arm auszustrecken brauchte, um noch halb im Schlaf den Hörer beim ersten Klingeln zu fassen.

»Ach, entschuldigen Sie, Herr Doktor«, sagte eine ausländisch klingende Stimme, »aber Mrs. Mannheim hat neununddreißig.«

Anfangs hatte ich immer ein paar Minuten gebraucht, um solche für einen englischen Arzt fremdartig klingenden Botschaften zu enträtseln, jetzt aber wußte ich, daß sie sich auf Temperaturen bezogen, die mit einem kontinentalen Celsiusthermometer gemessen worden waren.

»Gut, gut«, antwortete ich. »In ein paar Minuten komme ich.«

Gähnend schaute ich aus dem Fenster, während ich mich ein wenig aus meinen Bettdecken auswickelte. Draußen sah es dunkel, unfreundlich aus. Und heute sollte ich mit Sylvia eine Fahrt auf der Themse machen. Während ich meinen Gedanken erlaubte, sich rückblickend mit alldem zu beschäftigen, was Sylvia und ich in vergangenen Tagen miteinander unternommen hatten, verbrachte ich angenehme zehn Minuten in der Erwartung Mrs. Littles mit meiner morgendlichen Tasse Tee.

»Sieht nicht gerade gut aus, wie?« fragte sie in ihrem üblichen düsteren Tonfall. »Glaub' nicht, daß es noch lange hält. Nicht, wenn die Bäume so rauschen wie eben.«

Die Wettervorhersage in der Zeitung, die sie mir ohne Umstände aufs Bett geworfen hatte, lautete: »Trüb, mit vereinzelten Schauern und einigen Aufhellungen.« Ich rief Sylvia an. Sie schlief noch fest, und es dauerte fünf Minuten, ehe ich ein vernünftiges Wort aus ihr herausbrachte.

»Mich aus dem Schlaf zu reißen!« begehrte sie auf.

»Warum hast du bloß jetzt schon angerufen?«

»Ich dachte, wir hätten uns für eine Flußfahrt verabredet.«

»Auf dem Fluß?« Es tönte ungläubig. »Auf was für einem Fluß?«

Ich wartete geduldig und schweigend, während ihr Gehirn mit Mühe die Fäden des Tages zusammensuchte. Plötzlich sagte sie:

»Ach, du bist es! Warum hast du das bloß nicht gesagt. Natürlich komme ich mit dir auf den Fluß. Ich muß ja dafür sorgen, daß meine griechische Bräune nicht gleich wieder verblaßt.«

»Sylvia, hast du aus dem Fenster gesehen?«

»Die Vorhänge sind zugezogen. Die Vögel wecken mich sonst so zeitig auf.«

»Ich hole dich um zehn ab. Recht so?«

»Gut. Soll ich was zu essen mitbringen?«

»Ja, bitte. Ich muß jetzt Schluß machen, ich habe einen eiligen Besuch.« Ich wollte rasch abhängen, damit sie keine Gelegenheit hätte, sich den Himmel zu betrachten und mir abzusagen.

»Du Armer«, sagte sie. »Am Sonntag arbeiten zu müssen!«

Tatsächlich hätte ich es nicht müssen. Phoebe Miller hatte Dienst; aber wenn ein Anruf von einem der chronischen Fälle kam, die wir in Behandlung hatten, versuchten wir es immer einzurichten, selbst hinzugehen, auch wenn wir keinen Dienst hatten, und Mrs. Mannheim war eine alte chronische Bronchitikerin.

Es klopfte an die Schlafzimmertür. Der alte Hodge, der Gärtner, kam in einem weißen, farbbekleckssten Overall hereingestapft.

»Ich hatte eigentlich ein hübsches Primelgelb gewollt, aber Mrs. Little hat gemeint, auf Beige sieht man den Dreck nicht so.«

»Primelgelb?« fragte ich und besah mir die fünf schwarzen Fingerabdrücke auf dem Türrahmen. Seinem Versprechen gemäß hatte Hodge sich eingefunden, um das Sprechzimmer frisch zu streichen.

»Ein hübsches, helles Primelgelb«, erläuterte er.

»Nicht so was Zitronen- oder Kanariengelbes.«

»Können Sie mir ein bißchen davon zur Probe mischen, damit ich selbst sehen kann?«

»Ja, kann ich. Dachte, ich wollte doch erst mal fragen. Wußte, daß Sie nicht für Beige sein würden.« Er stupste seinen hornigen Daumen mehrmals bodenwärts und wiederholte: »Hab' ihr immerzu erklärt, Beige wollten Sie keins haben.«

»Beige!« sagte er nochmals verächtlich im Hinausgehen. Jetzt zeigten sich zehn schwarze Fingerspuren an der Tür. Ich stand auf.

Unten war die Luft geladen. Mrs. Little, bereits gekränkt über meine Verwerfung der von ihr geplanten Zimmerfarbe, wurde vollends verstimmt, als ich ihren Vorschlag, einen Picknickkorb zu richten, ablehnte. Ich erschauerte bei dem Gedanken an das, was er enthalten könnte, und war froh, ihr mitteilen zu können, daß Sylvia das Notwendige für unseren Ausflug mitbringen werde. Nachdem ich mein von Mrs. Little in stummem Zorn serviertes Frühstück verzehrt hatte, ging ich ins Sprechzimmer, um mich mit dem alten Hodge zu beraten. Ich stimmte seiner Gelbmischung zu, erklärte mich mit seinem Arbeitsplan einverstanden, überblickte den schauerlichen Zustand, in den er das Zimmer versetzt hatte, und verließ dieses mit dem stillen Gebet, daß er wissen möge, was er tue.

Ich schaute rasch in die Küche, um Mrs. Little daran zu erinnern, daß sie Hodge etwas zum Mittagessen geben solle, und hörte mir ihr tränenersticktes Gemurmel an, dem zu entnehmen war, er könne sich glücklich preisen, wenn er eine Tasse Tee bekäme, worauf sie sich mit ihrem Geschirr zu schaffen machte. Froh, daß ich aus dem Haus kam, überließ ich die beiden ihrer bevorstehenden Auseinandersetzung.

Beim Bootshaus wiegten sich die kleinen Schiffchen an ihrer Vertäuung auf den bewegten Wellen des öde daliegenden Flusses. Sylvia, elegant und reizend anzusehen in schwarzen Hosen, dickem weißem Sweater und anchovisfarbenem Kopftuch, trug eine Miene vollendeten Märtyrertums zur Schau. Sie gähnte immerfort und blickte trostlos zum Himmel.

»Wenn du meinst, wir sollten es nicht riskieren«, schlug ich vor, »dann könnten wir ja woanders hingehen. Ich glaube allerdings, daß es sich gegen Mittag aufklären wird.«

Die Bootsvermieterin, der daran lag, den Handel mit uns abzuschließen, nickte eifrig.

»Bestimmt«, bekräftigte sie ohne große Überzeugungskraft. »Sieht oft erst so'n bißchen trüb aus. Elektrisches Kanu oder Motorboot? Das Kanu hat zwar kein Dach, falls es doch regnen sollte.«

»Motorboot«, bestimmte Sylvia. Es war das erste Wort, das sie äußerte, seit wir hergekommen waren.

»Ist wohl besser, Fräulein«, sagte die Frau und hielt die Hand hin. »Fünf Pfund pro Tag. Passen Sie in den Schleusen aufs Heck auf, durchfahren dürfen Sie.«

Die Brise war frisch, als wir abfuhren, um zwischen den grünen Ufern flußab zu stampfen. Ich saß vorn und bediente den Motor, während Sylvia sich auf dem Hintersitz ausstreckte und die Morgenzeitung las.

»Entschuldige, wenn ich dich langweile«, sagte ich voll Ärger über den kläglichen Beginn unseres Ausflugs.

»Hast du was gesagt?« rief sie. »Der Wind weht von der falschen Seite her. Kann kein Wort verstehen.«

Ich war verstimmt und erschreckte einen meinen Kurs kreuzenden Schwan durch ein kurzes, grelles Hupen. Der Wind schien frischer zu werden, und ich schlug meinen Kragen auf und steckte die Linke in die Tasche. Ein Rascheln zeigte mir an, daß Sylvia ihre Zeitung zusammenfaltete, dann legten sich zwei Arme um meinen Hals und ihr Gesicht gegen meines. Damit verwandelte sich alles mit einem Schlage auf wunderbare Weise.

»Sei nicht bös, daß ich morgens so blöd bin. Ich brauche immer Stunden zum Wachwerden.«

Ich wandte mich und fühlte von neuem die alte Leidenschaft für sie, als ich sie in den Armen hielt.

»Paß auf!« schrie sie plötzlich, indem sie sich losriß. Aber es war zu spät, und die Nase unseres Boots hatte sich bereits in den Uferschlamm gewühlt. Sylvia kletterte über die Windscheibe und stellte sich auf den Bug, um mit dem Bootshaken abzustoßen, während ich den Rückwärtsgang einschaltete. Das Boot peitschte ein paar angstvolle Sekunden lang unnütz Schaum auf, dann bekam Sylvia es mit erneuter Anstrengung los, und wir fuhren davon.

Das Wetter verschlechterte sich, aber ich gab Sylvia meine Jacke, und wir kümmerten uns nicht darum. Es war fast wie in alten Zeiten. Wir lachten, besonders beim Durchfahren der Schleusen, wenn Sylvia wie ein alter Seebär herumsprang, um die Taue zu sichern, und sich festhielt, wenn es das Steigen und Fallen des Wassers gebot. Ich vergaß ganz, wie sie auf Männer jeden Alters wirkte, und redete mir ein, daß sie nur mir gehöre, als sie bei ihrem Manövrieren bewundernde Bemerkungen von den Schleusenwärtern und Fischern einheimste. Die Ferien in Griechenland hatten sie noch schöner gemacht, und ihre seidige, sonnengebräunte Haut ließ alle anderen

Mädchengesichter graubleich daneben erscheinen. Sylvia hatte etwas ganz Besonderes, abgesehen von ihrem Äußeren. Es war ihre Fröhlichkeit, ihre Lebensfreude, die keine ihrer so faden Kolleginnen besaß. Dies war es, was ihr die ganz eigene Anziehungskraft verlieh. Ich würde gern alles getan haben, um sie mein ganzes Leben lang lieben zu dürfen, allein ich hielt unser Gespräch jetzt auf leichtem Niveau, dankbar für die kleine Freude eines einzigen mit ihr verbrachten Tages. Eng aneinandergedrängt, um uns zu wärmen, verzehrten wir unseren Lunch am Ufer unter einer Weide. Für mich war es etwas Herrliches, Kalbfleisch in Aspik, Erdbeeren mit Rahm und richtig zubereiteten Kaffee zu genießen. Als wir fertig waren, brach die Sonne durch, und wir legten uns zurück, um uns von der ungewohnten Wärme durchfluten zu lassen.

»Wie gefällt es dir in deiner Praxis?« fragte mich Sylvia, indem sie den Rauch ihrer Zigarette hoch in die Zweige der Weide hinaufblies. Das Boot schaukelte lässig im Wind.

»Es gefällt mir recht gut. Ich bin selber erstaunt, wie lohnend ich die Mühe finde.«

Ich erzählte ihr von meinem neuen Leben und berichtete allerlei von lustigen und traurigen Erlebnissen seit meinem Antritt der Praxis. Es schien sie zu interessieren, und so beschloß ich, einen kleinen Vorstoß zu wagen.

»Natürlich ist es dort ziemlich einsam.«

Sie hob den Arm und streifte die Blätter von einem Weidenzweig.

»Ja, das muß es wohl sein.«

»Ich liebe dich noch immer, Sylvia.«

Sie drehte sich auf die Seite und legte mir einen Finger auf die Lippen. Ich sagte nichts mehr, hätte aber schwören mögen, daß auch sie mich noch liebte, so zärtlich blickten ihre Augen. Doch wollte ich um keinen Preis das Glück des heutigen Tages darangeben.

»Komm, wir fahren weiter«, rief sie und sprang auf.

»Laß mich jetzt lenken.«

Sie ließ den Motor an, schaltete den Rückwärtsgang ein und prallte gehörig gegen das Ufer.

»Entschuldige«, sagte sie. »Ich dachte, das ginge nach vorn.«

»Rückwärts heißt gewöhnlich nach hinten«, belehrte ich sie und schloß die Augen.

Wir ratterten weiter stromauf und kreuzten verschiedene andere Fahrzeuge, die sich inzwischen herausgewagt hatten, und ein Dutzend »Fireflies« mit ihren kleinen viereckigen, über den Segeln flatternden Rennwimpeln. Die Sonne verzog sich wieder, die Wolken wurden dunkler, und als wir kehrt machten, um heimwärts zu steuern, fühlten wir die ersten feinen Regentropfen. Sie platschten bald bedrohlich auf das ruhige Wasser. Nach einem Kampf mit einer verrosteten Schraubenmutter auf der einen und einem Stück Schnur auf der anderen Seite gelang es uns, das grüne Segeltuchdach über unsere Köpfe zu ziehen. Der Haken dabei war nur, daß derjenige, der vorn am Steuer saß, entweder durchnäßt wurde, wenn er die Haube etwas hochschob, oder nichts von dem jetzt aufgewühlten Wasser sehen konnte, wenn sie unten war. Um die Fahrstrecke überblicken zu können, zog ich das Durchnäßtwerden vor, und wir flogen auf dem bewegten Fluß voran, von dem alles sonstige Leben sich verzogen zu haben schien. Der Regen trommelte trübsinnig auf das Segeltuch. Sylvia hatte sich auf dem Hintersitz kugelförmig zusammengerollt und sagte von Zeit zu Zeit mitleidig: »Bist du ein Armer.« Ich wurde nässer und nässer, und wir schienen nur ganz langsam voranzukommen. Die Flut bremste uns, ganz zu schweigen vom Wind, der schneidend blies.

Die Bootsfrau, um und um in Ölhaut gehüllt, hakte uns herein und vergewisserte sich ängstlich, ob die Kissen nicht naß seien.

»Dachte, es würde sich so lange halten«, sagte sie und stach mit dem Daumen himmelwärts.

Ich war zu naß, und Sylvia fror zu sehr, um etwas zu entgegnen. Wir rafften unsere Siebensachen zusammen und schleppten uns durch das Bootshaus zum Auto.

In Sylvias Wohnung, die sie mit einer befreundeten Schauspielerin mäßigen Formats teilte, zog ich mir einen Bademantel über und hängte meine nassen Kleider in den Trockenschrank. Während Sylvia sich wieder zurecht machte, trank ich einen Teil ihres Kognaks und durchblätterte die herumliegenden farbenfrohen Zeitschriften, um Bilder von ihr zu suchen. Ich fand sie auf fast jeder Seite – in Abendkleidern, Strandkostümen, Morgenröcken und den lächerlichsten Hüten, die man sich vorstellen konnte. Ärgerlich setzte ich mich ans Fenster und starrte in den Regen hinaus.

Als sie umgezogen war, bügelte Sylvia mir Hemd und Hose, lieh mir ihren Skipullover, da meine Jacke noch durchnäßt war, und machte Tee. Sie hatte ein schwarzes Kleid angelegt, das ich nicht kannte. Durch den Wind auf dem Fluß hatte ihre Sonnenbräune einen durchsichtigen Pfirsichschimmer angenommen. Tee und Kognak taten das Ihre, daß ich mich bald nicht mehr so durchfroren fühlte. Ich deutete auf ihr Kleid. »Soll das heißen, daß du heute abend mit mir ausgehst?« fragte ich.

»Ach, ich täte nichts lieber«, erwiderte sie und beschäftigte sich damit, die Krümel auf ihrem Teller aufzupicken, »aber ich habe Wilfred versprochen, mit ihm zu Nacht zu essen.«

»Wilfred?«

»Wilfred Pankrest«, gab sie Bescheid, und das genügte, um mich zum Verstummen zu bringen.

Wilfred gehörte jenen eleganten Gesellschaftskreisen an, deren Nachtklubaktivitäten täglich Stoff für die Morgenzeitungen abgaben. Er stand im Ruf eines Tunichtguts und Herumtreibers, allein ich war sicher, daß Sylvia dies so gut wußte wie ich. So schluckte ich all die spitzigen Bemerkungen hinunter, die ich hätte machen können. Ich trank meinen Tee aus, holte meine lappige, durchweichte Jacke und sagte, ich gehe jetzt. Ich hatte nicht den Wunsch, mit Wilfred Pankrest zusammenzustoßen, zumal in meinem augenblicklichen wenig salonfähigen Zustand. Einen Abschiedskuß wollte ich Sylvia nicht geben, beschloß ich, damit sie merke, was ich über die Wahl ihres abendlichen Gefährten dachte. – Aber wie gewöhnlich durchkreuzte sie all meine festen Vorsätze, indem sie mich umarmte und mir für den Ausflug auf der Themse dankte. Ich brummte etwas Unverständliches. Da lächelte sie mit ihren Augen und gab mir einen Kuß. Nach einer Weile sagte Sylvia:

»Wilfred wird gleich hier sein«, und ihre Stimme klang unsicher.

»Zum Teufel mit Wilfred!« entfuhr es mir, und mein Zorn wallte von neuem auf. Ich riß die Wohnungstür auf, stapfte hinaus und schlug sie hinter mir zu.

Ich war schon halbwegs die Treppe hinunter, als ich hörte, wie Sylvia mich zurückrief. Einen wilden Augenblick lang dachte ich, sie habe beschlossen, Wilfred sitzenzulassen. Da klatschte etwas vor mir auf die Treppe nieder.

»Du hast deine Jacke vergessen, Schatz«, rief sie über die Brüstung gebeugt.

»Danke«, rief ich, bückte mich nach der Jacke und schritt ernüchtert in den Regen hinaus.

Am Pfingstmontag hatte ich die »Mädchen« zu vertreten. Zum Glück brauchte ich keine Sprechstunde für sie abzuhalten, denn der alte Hodge hatte ein unbeschreibliches Durcheinander hinterlassen, und das ganze Sprechzimmer in seinem neuen Primelgelb klebte wie Pech. Doch hatte Hodge mir sein Ehrenwort gegeben, daß am nächsten Morgen alles strohtrocken und in bester Ordnung sein werde, also mußte ich mich wohl oder übel auf sein Versprechen und dasjenige der Farbbüchse verlassen, welche »Schnelltrockenanstrich« verhieß. Bis zehn Uhr früh hatte Mrs. Little fünf Besuche für mich notiert, von denen drei für die »Mädchen« waren. Der dringendste Anruf schien der für Mrs. Collins zu sein, die, wie Mrs. Little meldete, »schreckliche Schmerzen ausstand«. Ich wand mich durch die gefährlich aufgestapelten Möbelstücke bis in die Arzneikammer durch, und es glückte mir zu meiner eigenen Verwunderung, dies ohne primelgelbe Flecken auf dem Anzug zu bewerkstelligen.

Ob es der gestrige Regen war oder die ungewohnte Menge frischer Luft auf dem Wasser, weiß ich nicht, jedenfalls fühlte ich seit dem Aufstehen eine dumpfe Schwere im Kopf. Während die Spritzen, die ich auf den Gasherd gestellt hatte, kochten, blickte ich mich in der Kammer nach Aspirin um. In den Fächern mit Ärztemustern aller Größen und Verpackungsarten lagen Mittel gegen Magenbeschwerden, Hämorrhoiden, Fußpilz und Rheumatismus, aber kein Aspirin. In der Ecke stand eine große, appetitlich anmutende Flasche mit kirschrotem Hustensirup für Kinder. Ich nahm den Stopfen ab, tat einen langen Zug und fühlte die Flüssigkeit mild durch Speiseröhre und Magen gleiten. Die Behandlung schien meinem Kopf sehr gutzutun. Ich fischte die Spritzen aus dem Wasserbad und verschloß sie in ihre sterilen Behälter.

Dann suchte ich alles, was ich den Tag über möglicherweise brauchen würde, in mein Köfferchen zu packen, denn ich wollte vermeiden, nochmals durch mein Sprechzimmer zirkeln zu müssen oder die Früchte von Hodges gestrigen Bemühungen zu gefährden.

Draußen war das Wetter ganz wunderbar. Eine milde Juniluft herrschte. Ein idealer Tag für Themsefahrten oder Landausflüge.

Durch meinen Kopf schoß ein lebhaftes Bild, das mir Sylvia zeigte, wie sie sich mit Wilfred Pankrest von der Sonne braten ließ. Indes ich der Familie Hill, die eben in ihrem Auto an die See fuhr, ein fröhliches, doch ungefühltes »Guten Morgen!« zurief, schloß ich die Garage auf.

»Prachtvoll, was?« lächelte Mr. Wentworth, wie er, ein ganz anderer Mann als sonst, ohne seinen festgerollten Regenschirm und seine »Times«, eine Hundeleine über den Rücken geworfen, vorbeischlenderte. Mit seinem schwarzen Jackett und den gestreiften Beinkleidern schien er die Sorgen seiner Bankwelt vergessen zu haben, und aus seinem hellblauen Hemdkragen leuchtete ein jüngeres und glücklicheres Gesicht hervor.

»Prachtvoll!« bestätigte ich und schlug die Garagentür zurück. »Wirklich ganz prachtvoll.«

Mein Kopf war so benommen, daß ich mich zu längerem Gespräch dieser Art unfähig fühlte. Da ich nicht gut fortfahren konnte, immer nur »Prachtvoll« zu sagen, verschwand ich in die Garage und machte damit der Unterhaltung ein Ende.

Bei Mrs. Collins wurde ich von Trudi mit freundlichem Lächeln empfangen. Während der letzten Monate war ich zum häufigen Besucher des Hauses geworden, sowohl als Arzt wie als Freund.

»Mrs. Collins liegt zu Bett?« fragte ich.

Trudi nickte und krampfte die Rechte über ihrem Herzen zusammen. »Arge Schmerzen«, sagte sie, und ihr rundes Mädchengesicht nahm einen traurigen Ausdruck an.

Im Schlafzimmer wandte mir Mrs. Collins zum Gruß nur die Augen zu. Still lag sie unter der Decke; seit meinem ersten Besuch war sie magerer geworden. Ihre Gesichtsfarbe war zwar noch gut, jedoch waren die Wangen schmäler. Nach der Untersuchung machte ich ihr eine Einspritzung gegen die Schmerzen und setzte mich, da ich nur wenige Besuche und keine dringenden zu machen hatte, neben ihr Bett, um zu warten, bis die Spritze ihre Wirkung tat. Auf der Stuhllehne lag ein neuer, soeben erschienener Band ihrer Kindergeschichten. Ich fragte, ob ich ihn mir ansehen dürfe. Sie nickte. Ihre Augen, denen die Schmerzen anzumerken waren, folgten mir, während ich die Seiten rasch durchblätterte, um mich an den reizenden Illustrationen zu erfreuen. Doch als ich die ersten Zeilen einer der kurzen Geschichten gelesen hatte, fuhr ich fast gegen meinen Willen fort. Die Erzählung handelte von einem kleinen Mädchen, das ein Land entdeckt, in dem es keine Mammis und keine Schulaufgaben gibt, und wo man sich hinter den Ohren nicht zu waschen braucht. Tagelang lebt das kleine Mädchen Elsie froh und glücklich in diesem Paradies, bis sie von all den Süßigkeiten, von denen sie essen kann, soviel sie mag, krank wird und das Spielen bei Tag und Nacht satt bekommt. Auch die ungewaschenen Ohren werden zur Plage. Da gewährt die Feenkönigin der Kleinen einen

Wunsch, und Elsie hat nur einen: wieder in ihr Kinderzimmer und zu ihrer Mutter zurückkehren zu dürfen.

»Welche haben Sie gelesen?« fragte mich Mrs. Collins.

»Elsies Wunsch.«

»Nun, und ...?«

»Es hat mir sehr gut gefallen.«

Ein karges Lob, so schien mir – und doch vermochte ich nicht auszudrücken, wie wunderbar ich es von dieser sterbenden Frau fand, daß sie das sorglose Glück der Kindheit so vollkommen nachzuzeichnen verstand, wo die Mutterliebe alles bedeutet: Sicherheit, geregeltes Dasein und Zufriedenheit. Aus einer Welt der Schmerzen in vier engen Wänden hatte sie mit leichten, zauberhaften Strichen ein Land der Himmelsbläue und des Glückes erstehen lassen, das auch mich erwachsenen Menschen in seinen Bann zog. Ich fühlte, daß sie mich beobachtete.

»In allem ist Schönheit zu finden, Doktor – selbst im Schmerz!« sagte sie endlich.

»Ich möchte gern noch mehr lesen.«

»Nehmen Sie das Buch doch mit. Oder nein«, verbesserte sie sich, als sie meinen Augen ein Widerstreben ansah, »lieber nicht gleich jetzt. Später einmal können Sie es Ihren Kindern vorlesen. Wenn ich nicht mehr da bin.«

Die letzten Worte sprach sie in so sachlichem Ton, als erwähnte sie eine Reise nach Amerika, ohne die leiseste Spur von Selbstmitleid und mit der gleichen Stimme, in der sie mich einst darüber unterrichtet hatte, um wieviel Uhr die Läden schlossen.

Ihr Schmerz hatte durch die Spritze, die ich ihr gegeben, etwas nachgelassen, und ihre Augen füllten sich mit schwerer Schläfrigkeit. Ich nahm das Buchgeschenk an und packte es mit meinem ärztlichen Rüstzeug ins Köfferchen. Meine Augen brannten, und ich rieb sie, dann nieste ich.

»Sie haben sich erkältet«, meinte Mrs. Collins schlaftrunken. »Sollten sich ins Bett legen, Doktor.«

»Ach, es ist nichts«, erwiderte ich und behielt ihre Hand einen Augenblick in der meinen.

»Passen Sie auf sich auf ...«, brachte sie noch heraus, dann fielen ihr die Augen zu.

Die Sonne schien heller als vorher, ich aber fröstelte, als ich auf die Straße trat. Vielleicht hatte Mrs. Collins recht, vielleicht hatte ich mich in meinem durchnäßten Zustand gestern verkühlt.

Mein nächster Besuch galt der alten Oma einer Familie, bei der sie zu Pfingsten auf Besuch weilte. Sie war, wie mein Zettel besagte, hingefallen und hatte sich am Bein verletzt. Diese Patientin entpuppte sich als eine der rüstigsten alten Damen, die mir je vorgekommen waren. Sie war stocktaub und hörte seit über dreißig Jahren keinen Ton. Sie sah nur auf einem Auge, und das schlecht, und war nahezu achtzig Jahre alt, dennoch aber stand sie jeden Morgen um sieben Uhr auf, kochte für die Familie der Tochter, bei der sie lebte, strickte, häkelte und verfertigte unzählige Teppichvorlagen. Ihre Kleidung und sie selbst sahen tadellos gepflegt aus, obwohl sie offenbar niemandem erlaubte, ihr zu helfen oder ihre Sachen zu waschen. Nun lag sie im Haus ihrer anderen Tochter auf der Couch und strickte an einem Kinderjäckchen.

Sie sah nicht auf, als ich ins Zimmer trat, da ich außer dem Sehbereich ihres »guten« Auges war, und hören konnte sie mich natürlich nicht. Ihre Tochter kniete bei ihr nieder und murmelte:

»Der Herr Doktor ist eben gekommen, Großmutter.«

Großmutter zog hörbar die Luft ein und wandte den Kopf zur Seite, bis ich in ihr Blickfeld kam.

»Leider muß ich sagen, daß sie nicht sehr viel von fremden Ärzten hält«, sagte ihre Tochter entschuldigend. »Mein Schwager, in dessen Haus sie lebt, ist nämlich Chirurg, und für sie existiert nun einmal kein anderer Arzt.«

Wir schüttelten einander die Hände, und in einer merkwürdig hohen, etwas schrillen Stimme, deren Klang sie ja nicht selber hören konnte, sagte Großmutter: »Guten Morgen.«

»Wollen Sie ihr sagen, daß ich mir gern ihr Bein ansähe?«

Großmutter empfing die gemurmelte Mitteilung und legte ihr Strickzeug beiseite, um sich den Strumpf herunterzurollen.

Sie schien sich den Schenkel gebrochen zu haben, und ich bat die Tochter, ihr begreiflich zu machen, daß sie sich im Krankenhaus röntgen lassen und möglicherweise einer Operation unterziehen müsse. Nach einiger Schwierigkeit infolge der ungewohnten Ausdrücke verstand Großmutter, was ihre Tochter ihr sagte.

Sie drehte sich nach mir um.

»Nur keine Angst«, suchte sie mich zu beruhigen.

»In unserer Familie bedeutet eine Operation gar nichts.« Und obgleich sie beträchtliche Schmerzen ausstehen mußte, rollte sie ihren Strumpf wieder auf und fing gleich wieder an zu stricken.

Nachdem ich in drei Spitälern vergebens angeläutet hatte, gelang es mir endlich, sie unterzubringen, und ich schrieb einen Brief, den sie mitnehmen sollte.

»Mein Schwiegersohn hätte ja schon nach mir gesehen«, sagte sie noch, als ich mich verabschiedete, »aber ich mußte ausgerechnet hinfallen, während er in Frankreich die Ferien verbringt.«

»Im Spital werden sie schon gut für dich sorgen«, beruhigte sie ihre Tochter, »und nächste Woche ist Henry ja wieder da.«

An der Tür machte ich der Tochter Komplimente über ihre Mutter.

»Ja«, erwiderte sie, »ich weiß das. Sie will durchaus niemandem zur Last fallen. Leider sagt Henry, obwohl sie es nicht ahnt, daß ihre Sehkraft rasch schwindet, so daß wir bald keine Möglichkeit mehr haben werden, uns mit ihr zu verständigen.«

Ich verließ das Haus mit traurigen Gedanken über die alte Dame, die sich so bald in einer Welt des Schweigens und der Finsternis befinden würde. Je länger ich meinen Beruf ausübte, um so unerfindlicher wurde mir das Schicksal der Menschen. Innerhalb weniger Stunden hatte ich zwei Frauen gesehen, die ihre Heimsuchungen nicht verdienten. Das hatte mir schon oft zu schaffen gemacht, doch in jüngster Zeit nicht mehr so sehr wie in meiner Studentenzeit. Heute nahm ich die Dinge mehr oder weniger hin, wie sie mir begegneten, stellte nicht mehr so viele unbeantwortbare Fragen und beschränkte mich mehr auf meine eigene Aufgabe: die Leiden meiner Kranken zu heilen oder zu lindern.

Meine Erkältung entwickelte sich rasch. Auf der Schwelle meines nächsten Patienten hatte ich wieder einen Niesanfall.

»Haben Sie Schnupfen?« fragte mich die Hausfrau, die mir die Tür öffnete. »Sie sollten zum Arzt gehen!« Ich war nicht in der Stimmung, auf ihren Scherz einzugehen. Ich sah nach dem Kind im Bett, dessen dickgeschwollene Mandeln einen häßlichen Anblick boten, und erledigte meine übrigen Besuche so rasch ich konnte. Um die Mittagszeit fühlte ich mich abwechselnd von kalten Schauern und Schweißausbrüchen erfaßt und stritt mich mit Mrs. Little, die mir unbedingt ihre Fleischpastete aufnötigen wollte.

»Bei Schnupfen soll man tüchtig essen, bei Fieberkrankheit das Essen vergessen«, zitierte sie mir den bekannten Spruch, indem sie resolut mit der Schüssel vor mir stehenblieb.

»Ach, nehmen Sie das fort«, sagte ich gereizt und stand auf, um mir frische Taschentücher zu holen.

Ich braute mir einen heißen Whisky mit Zitrone – die Lieblingsarznei meiner Mutter bei Erkältung –, entlieh zwei Aspirintabletten von Mrs. Little und kroch ins Bett, um die Sache auszuschwitzen. Ich warf ihr einen stummen Dankesblick zu, als meine Zehen am Fußende auf eine Wärmflasche stießen. Als ich soeben im Begriff war, einzudösen, läutete das Telefon.

Am anderen Ende war Mrs. Slot, die Frau des Buchmachers.

»Ach, es ist wegen Percy«, sagte sie. »Er gefällt mir gar nicht, Herr Doktor. Er weiß nicht, daß ich anrufe, aber wir sind alle beim Kartenspiel – eine ganze Gesellschaft ist bei uns –, und Percy hustet die ganze Zeit. Ich möchte Sie ja nicht gern am Bankfeiertag stören, Herr Doktor, aber ich dachte doch, ob Sie nicht mal herkommen und ihn ansehen würden.«

Mein Denkapparat schien nur langsam zu funktionieren. Ich konnte nur mit Mühe verhindern, daß ich mitten im Gespräch einschlief. Etwas Schlimmes konnte es ja nicht sein, und ich wollte Mrs. Slot gerade sagen, sie solle ihrem Gatten zwei Aspirintabletten geben und ihn überreden, zu Bett zu gehen, obgleich ich wußte, daß er das mitten beim Kartenspielen nicht tun würde, als ich mich selbst sagen hörte: »Ich komme gleich mal 'rüber, Mrs. Slot.«

»Danke, Herr Doktor. Es tut mir so leid, Sie zu bemühen.«

Was mich veranlaßte, mit meiner hohen Temperatur mich gleich nach dem Genuß von Whisky mit Zitrone und auf gänzlich fühllosen Beinen zu Percy Slot aufzumachen, werde ich nie ergründen. Schwankend holte ich den Wagen heraus und brachte es irgendwie fertig, nach Orchard Gardens zu einem der riesigen Häuser, wo Percy wohnte, zu gelangen.

Der große Salon war von Zigarrenrauch erfüllt, und Percy saß mit vorgehaltener Hand an einem Ecktisch und hustete. Als er meiner ansichtig wurde, warf er mir einen ärgerlichen Blick zu.

»Ich bin ganz in Ordnung, Herr Doktor«, sagte er und schaute über seine Brille hinweg auf seine Hand. »Bloß, daß das alte Übel sich wieder 'n bißchen bemerkbar macht.«

Er hustete, und wie das klang, gefiel mir gar nicht.

Ich redete ihm zu, mit mir hinaufzukommen, wo ich ihn untersuchte und feststellte, daß er 40 Grad Fieber und Lungenentzündung hatte. Da er an chronischer Bronchitis litt, war ihm der Ernst seines Zustandes nicht zum Bewußtsein gekommen. Er setzte sich zur Wehr, als ich sagte, er gehöre ins Krankenhaus, aber da er offenbar Sauerstoff brauchte, hörte ich mir sein »Mir fehlt doch weiter nichts, Herr Doktor ...« nicht an und telefonierte sogleich nach einer Ambulanz. Als diese anlangte, hatte sich Percys Befinden so weit verschlechtert, daß er sich widerspruchslos fügte und sich ganz gern auf die Tragbahre betten ließ.

Nach knapp zehn Minuten lag ich wieder im Bett, wiederum mit einem Gefühl der Dankbarkeit für Mrs. Littles Wärmflasche, und bald schlief ich fest. Nach nur wenigen Minuten, wie mir schien, die in Wirklichkeit aber drei Stunden waren, klingelte das Telefon von neuem. Es muß sicher fünfzehnmal geläutet haben, bis ich mich dazu aufraffen konnte, zu antworten.

»Wenn es bloß kein Besuch ist«, hoffte ich. Es war die Nachtschwester vom städtischen Krankenhaus.

»Entschuldigen Sie, daß ich Sie störe, Herr Doktor«, sagte sie, und ihre singende irische Stimme schien meilenweit entfernt, »aber Ihr Patient, Mr. Slot, ist soeben gestorben. Mrs. Slot hat mich gebeten, Ihnen zu telefonieren.«

»Percy Slot!« rief ich, mit einem Male hellwach.

»Ja, so heißt er«, bestätigte sie. »Es wurde so schlimm mit ihm, nachdem Sie ihn hergeschickt hatten, daß der Arzt dafür war, ihn in das Sauerstoffzelt zu legen. Zuerst schien er sich etwas zu erholen, aber dann wurde er auf einmal sehr unruhig und starb ganz plötzlich. Es muß das Herz gewesen sein.«

»Ja«, sagte ich benommen, »das geschieht zuweilen bei Pneumonie. Danke für Ihren Anruf.«

»Nichts zu danken, Herr Doktor. Gute Nacht.«

»Gute Nacht«, erwiderte ich und legte den Hörer wieder auf.

Warum ich in jener Nacht noch zu Mr. Slot gefahren bin, weiß ich nicht. Es muß wohl jener besondere Instinkt gewesen sein, jener sechste Sinn, den jeder Arzt im Umgang mit seinen Patienten erwirbt. In Mrs. Slots Stimme hatte nichts Drohendes gelegen, sie hatte keine gefahrdrohenden Symptome genannt. So, wie alles nun verlaufen war, hatte mein Besuch bei dem armen Mr. Slot nichts genützt. Er war der zweite Patient, den ich seit Übernahme der Praxis verlor; der erste war ein herzleidender alter Mann gewesen. Meinen Vorahnungen nach kommen stets drei Todesfälle hintereinander. An Schlaf war jetzt kein Gedanke mehr. Ich lag wach und dachte über Percy Slot nach.

ZEHNTES KAPITEL

Das letzte, an das ich mich erinnere, als ich endlich doch einschlief, war der Schimmer des ersten Frühlichts, das blaß durch die Vorhänge drang. Ein Vogel begann zu zwitschern, und ehe die anderen noch einfallen konnten, muß ich weit weg gewesen sein. Als Mrs. Little mit meinem Tee eintrat, fühlten sich meine Lider bleischwer an, und es war mir, als schwebe sie, die Tasse in der Hand, durchs Zimmer auf mich zu.

»Geht's besser?« erkundigte sie sich.

Ich brummte etwas mit dem einzigen Wunsch, sie möge wieder gehen. Als sie draußen war, trank ich den Tee, in der Hoffnung, daß er das brennende Gefühl in meiner Kehle lindern möchte. Ich streckte die Zunge vor meinem Taschenspiegel heraus, sagte »Aah« und sah, daß ich weiße Tupfen auf den Mandeln hatte. Auf Beinen, die nicht zu mir zu gehören schienen, stolperte ich in die Arzneikammer hinunter, nahm einen großen Schluck des Hustensirups für Kinder zu mir und maß meine Temperatur. Sie war noch höher, als ich erwartet hatte. Ich schrieb auf einen Zettel, den Mrs. Little an die Sprechzimmertür heften sollte, daß heute keine Sprechstunde stattfinde.

Das Bett war kalt, unbehaglich und ekelhaft. Die Falten in der Decke formten sich zu verschiedenen Mustern, je nachdem ich den Kopf drehte. Mrs. Little stieß die Tür mit dem Fuß auf, kam ungeschickt gegen mein Bett und setzte mir das Frühstücksbrett auf die Brust.

»Hier ist ein gutes Stück Bratfisch«, sagte sie. Der fettige Geruch drehte mir fast den Magen um.

»Nehmen Sie's weg.«

»Beim Schnupfen soll man tüchtig essen ... Wer macht denn die Besuche für Sie?«

»Läuten Sie Fräulein Dr. Miller an und erklären Sie ihr, daß ich mich nicht wohl fühle. Bitten Sie sie, für heute meine Besuche zu übernehmen, und bringen Sie um Himmels willen diesen Fisch wieder weg.«

Sie ergriff das Tablett.

»Möchten Sie vielleicht eine Tasse Kakao?«

Ich vergrub den Kopf unter die Decke und schlief wieder ein.

Ich hatte lange Zeit schwer geträumt, als jemand laut an die Tür pochte. Ich öffnete die Augen und sah Phoebe auf mich zukommen.

»Sie antworteten nicht, so kam ich einfach herein«, sagte sie. »Mein Gott, Sie schwitzen ja wie toll!«

»Hoffentlich macht es Ihnen nichts wegen der Besuche«, brachte ich heiser heraus. »Tut mir leid, Ihnen Mühe zu machen.«

»Keine Mühe«, erwiderte sie aufgeräumt und ließ mir die Arzttasche auf die Füße plumpsen. »Mund aufmachen.«

Ich schüttelte den Kopf. Nichts ging mir mehr auf die Nerven, als mich von so einer Frauensperson bearzten zu lassen.

»Na, kommen Sie schon, kommen Sie«, sagte sie.

Es war weniger anstrengend zu tun, was sie wollte, als mit Phoebe Miller zu streiten. So streckte ich ihr die Zunge heraus. Rasch und gewandt untersuchte sie mich, ohne auf meinen Widerstand zu achten, und gab ihre Diagnose ab: akute Follikulartonsillitis. Dann öffnete sie ihre Tasche.

»Ein ordentlicher Schuß Penicillin sollte es im Keim ersticken«, kündigte sie an, indem sie die Spritze herausnahm.

»Keinesfalls!« protestierte ich.

Sie nahm keinerlei Notiz davon und bereitete die Injektion vor. Sie hob die Spritze gegen das Licht, blickte sie von unten herauf an, drückte die Luft heraus und kam dann auf mich zu.

»Ich mache es selber«, sagte ich, da sie nichts abzuhalten schien.

»Gut.« Sie übergab mir die Spritze und begann das übrige wieder einzupacken.

Da lag ich nun, die Spritze ungeschickt in der Hand, und fühlte mich zu elend, mich nur aufzurichten. Warum hatte ich mich nur so aufgespielt! Als sie mit ihrer Arzttasche fertig war, zog sie die Decken über mir weg, rollte mich auf die eine Seite, nahm mir die Spritze ab und stieß mit der Geschicklichkeit, die aus langer Übung erwächst, schmerzlos in das Muskelfleisch. »Danke«, sagte ich.

»Bitte, bitte – und machen Sie sich keine Sorgen wegen der Patienten. Mrs. Little telefoniert ihnen, daß sie sich an mich wenden sollen, und wenn's Ihnen morgen noch nicht besser geht, kann sie es auch morgen tun.«

»Nein, danke, ich glaube, morgen geht's wieder. Sehr nett von Ihnen, daß Sie hergekommen sind.«

»Ich hielt es für besser. Sie haben wohl dagelegen und sich eingebildet, Sie hätten Kinderlähmung oder Meningitis.«

»Dran gedacht hab' ich.«

»Na also. Sie haben einen Hals wie bei jedem Wald- und Wiesenschnupfen und brauchen sich nicht länger zu sorgen. Alles Gute!«

»Wiedersehn!« antwortete ich und zuckte gleich darauf zusammen, als sie die Türe hinter sich zuschlug.

Mit einem Hals, der so trocken war wie ein ausgewundenes Tuch, überließ ich mich dem Schlaf.

Als ich erwachte, fiel die Sonne ins Zimmer, und das Haus wiegte sich in nachmittäglicher Ruhe. Ich lag still da, während ich meine Symptome überprüfte, und stellte fest, daß es mir eher noch schlechter ging. Ich wünschte, ich wäre daheim in meinem Schlafzimmer und Mutter unten in der Küche, oder doch zum mindesten in einem Krankenhausbett, mit tüchtigen Schwestern um mich herum, wie es immer gewesen war, wenn ich als Assistent Halsentzündung hatte. Ein Zettel, der auf der Bettdecke lag, fiel mir in die Augen – eine Mitteilung von Mrs. Little:

Lieber Herr Doktor,
bin gerade einen Augenblick einkaufen gegangen, ein bißchen Fisch für Ihr Nachtessen holen. Hodge ist im Sprechzimmer zum Fertigstreichen und nimmt Telefone ab. Wollte Sie nicht aufwecken.
F. Little.

Ich fragte mich, welchen Namen das F. wohl verbarg. Während ich so in der Nachmittagsstille mit schmerzendem Kopf und brennender Kehle dalag, kamen mir Gedanken darüber, wie ekelhaft es war, Patient zu sein. Etwas Akutes war ja nicht so schlimm, aber ich überlegte mir, wie traurig es um meine chronisch Kranken bestellt war, die hilflos Tag um Tag für jede kleinste Hilfe auf andere angewiesen waren. Im Sommer das Gefühl zu haben, daß die Sonne nur für die anderen scheint, mußte niederschmetternd sein.

Es pochte leise an der Tür, und ich stieß statt des Hereinrufens einen Brummton hervor. Mit energischem Schritt trat Mrs. Hume ins Zimmer und zog sachte die Tür hinter sich zu. Eine Panik ergriff mich. Was wollte diese Person hier? Hatte sie gewartet, bis sie mich allein im Hause wußte, um sich einzuschleichen, während ich krank und wehrlos dalag? Ich wollte nach Hodge rufen, wußte aber, daß meine Stimme versagen würde. Eine Welle von Parfüm flutete ihr voran bis an mein Bett, so daß mir ganz übel wurde. Sie trug ein hochgeschlossenes, enges, graues Kleid.

»Ich telefonierte, um Sie zu bitten, zu mir zu kommen«, begann sie und blieb am Fußende des Bettes stehen. »Als ich aber hörte, daß es Ihnen nicht gut geht, kam ich her, um nach Ihnen zu sehen. Ich hoffe, es macht Ihnen nichts aus, es war niemand unten im Haus, deshalb bin ich einfach heraufgekommen. Es war mir ein unerträglicher Gedanke, daß Sie krank lägen, mit niemand, der sich um Sie kümmert, außer dieser gräßlichen Person da. Sie armer Kerl! Sie sehen miserabel aus!«

»Tut mir leid«, stieß ich heiser hervor. Es war, als spräche ich mit dem Milchmann, aber ich mußte ihr begreiflich machen, daß ich nicht imstande sei, mich mit Besuchen abzugeben, besonders von der Art, wie ihrer es war. »Bitte gehen Sie. Aber es war nett, daß Sie gekommen sind.«

»Schon recht.« Sie wandte sich zur Tür, und ich stieß einen erleichterten Seufzer aus.

»Ich hole Ihnen nur geschwind was zu trinken«, sagte sie noch und verschwand.

Mit Phoebe Millers derber Herzhaftigkeit und Mrs. Littles plumpem Dreinfahren hatte ich gerade genug an weiblicher Gesellschaft für einen Tag.

Leise ging die Tür wieder auf, und Mrs. Hume kam mit einem großen Glas Orangensaft herein, in welchem zwei herrliche Eiswürfel schwammen. Meine ausgedörrte Kehle sehnte sich nach dem willkommenen Getränk. Ich sagte mir, daß es jetzt grob und ungehobelt sein würde, sie zum Gehen aufzufordern. Wäre ich in der Wüste gewesen, kein Trunk hätte mir besser munden können. Während ich, auf die Ellbogen gestützt, das Glas leerte, schüttelte Mrs. Hume die zerwühlten Kissen auf und drehte sie um, was mir beim Zurücklegen ein wunderbares Gefühl der Kühle gab. Sie glättete die Decken und nahm mir den schweren Schlafrock, der mich seit dem Morgen gestört hatte, von den Füßen. Ruhig glitt sie im Zimmer auf und ab, räumte Sachen weg und ließ ein wenig frische Luft ein. Ich verfolgte ihr stilles Tun mit den Augen. Ich widersetzte mich nicht einmal, als sie ein feuchtes Tuch aus dem Badezimmer holte und mir reichte. Ich wischte mir damit übers Gesicht und die heißen Hände, was mir gut tat. Ja, ich fand schließlich sogar, daß sie nett anzuschauen war, und daß ihr Parfüm, nachdem ich mich daran gewöhnt hatte, gar nicht so unangenehm sei . . . Als sie fertig war, blieb sie wieder am Fußende stehen und sah mich an.

»Ich will lieber warten, bis Mrs. Little zurück ist«, sagte sie, »falls noch irgend etwas nötig wäre. Ich kann ja hinuntergehen, wenn Sie schlafen wollen.«

Zu meinem eigenen Erstaunen schüttelte ich den Kopf, und sie setzte sich in den Lehnstuhl am Fenster.

»Sie verstehen sich gut auf Krankenpflege«, sagte ich. Mit ihrem Rücken gegen das vom Fenster einfallende starke Sonnenlicht, saß sie mir gegenüber.

»Mein erster Mann hatte perniziöse Anämie. Ein halbes Jahr lang hab' ich ihn gepflegt.«

Sie entnahm der Tasche, die sie bei sich hatte, eine Strickerei und arbeitete still daran, nachdem sie erst ihre Maschen oder Reihen abgezählt hatte. Nach einer Weile hielt sie ein und sagte mit einem Blick auf ihr Strickzeug:

»Als kleines Mädchen wünschte ich mir, Krankenschwester zu

werden, wenn ich einmal groß sei. Aber mein Vater hatte es anders mit mir vor. Ich bin von sehr einfacher Herkunft. – Mein Vater fuhr einen Lastwagen. Als ich noch ganz klein war, sah mir Vater einmal im Hinterhof zu, als ich tanzte, bei einem Tanz, den ich mir selbst ausgedacht hatte und zu dem ich ein Liedchen sang. Die nächste Woche schickte er mich auf einen Kinderwettbewerb in unserer Music-Hall. Mutter wickelte mir die Haare mit Zuckerwasser auf, und ich tanzte und sang mein Liedchen. Ich bekam den ersten Preis, und danach ging es immer weiter voran mit mir. Mit achtzehn war ich Choristin im Windmilltheater und wußte bereits seit mehreren Jahren, daß ich mich nur ein wenig zu drehen brauchte, damit die Männer angelaufen kamen. Das war's, was Vater wollte. Für einen Lastwagenchauffeur war er recht ehrgeizig!

›Nur immer so weitergemacht, Mädchen‹, pflegte er zu sagen, ›und laß dir von den kleinen Fischen bloß nicht imponieren. Irgendwann fängst du dann schon mal einen fetten Karpfen.‹ Nun, ich fing richtig meinen Karpfen. Er war nahe an die Sechzig und recht vermögend, und nach einem Jahr starb er. Dann verliebte ich mich. Ich wußte wohl, daß Sandy durch und durch verderbt war, aber ich liebte ihn. Fünf Jahre brauchte er, bis er meinen letzten Heller durchgebracht hatte, dann lief er mit einem Mädchen davon, mit dem er anscheinend schon jahrelang ein Verhältnis gehabt hatte. Ich war fünfundzwanzig und stand nun allein mit Philipp da. Zum Glück hatte mein erster Mann einen Teil seines Geldes in einer jährlichen Rente angelegt, die niemand antasten konnte, darum ging es uns nicht schlecht. Eine Zeitlang steckte ich Philipp in eine Kinderschule und wurde wieder Choristin, aber ich fand, daß der alte Glanz sich verflüchtigt hatte. Ich denke, das Geld hatte mich verwöhnt. Wo ich als ganz junges Ding nur himmlische Kostüme und den Zauber der Premieren gesehen hatte, sah ich nun billigen Flitter und Kleider, die nicht sehr sauber waren und nach Schweiß rochen.« Sie hielt ihr Strickzeug gegen das Licht und zählte die Maschen mit der Spitze der Nadel. »Jetzt lebe ich nur so dahin und warte, bis Philipp während der Ferien zu mir kommt.«

»Haben Sie denn keine Freunde hier herum?« fragte ich. Nun, da sie mir ihr Vorleben geschildert hatte, begriff ich ein wenig, wie einsam sie sich fühlen mußte, und verzieh ihr im Inneren halb ihre Dreistigkeit. Sie lächelte. »Viele habe ich nicht. Ich fürchte, die Frauen hier meinen alle, ich wolle ihnen ihre Männer wegstibitzen.«

»Wollen Sie denn das?«

»Nein, eigentlich gar nicht; aber es reizt mich, ob es bei mir noch dazu reicht. Ich habe große Angst davor, allein alt zu werden. Aber seit Sandy habe ich nie jemanden kennengelernt, mit dem zusammen ich alt werden möchte.« Sie legte ihr Strickzeug hin und fügte hinzu: »Das heißt, kürzlich bin ich jemandem begegnet.«

Etwas in mir warnte mich davor, das Gespräch fortzusetzen. Ganz von fern dämmerte mir eine schreckliche Ahnung auf, der ich nicht einmal in Gedanken eine Form zu verleihen wagte. Da hörte ich unten eine Tür schlagen und war wie erlöst.

»Das muß Mrs. Little sein.«

Mrs. Hume stand auf und legte ihre Arbeit zusammen.

»Ich hab' wohl wieder mal zuviel geschwatzt, wie gewöhnlich«, sagte sie, und während sie sprach, ließ sie plötzlich das Gebaren der Pflegerin dem Patienten gegenüber fahren, und sie fiel, sich selbst unbewußt, wieder in ihre alte Rolle zurück. Sie wiegte sich ebenso schwungvoll wie zuvor in den Hüften, während sie zur Tür schritt.

»Ich muß wohl Ihrem Küchendrachen erklären, wieso ich hier bin! Sie mag mich sowieso nicht.«

»Nehmen Sie sich's nicht zu Herzen«, erwiderte ich, »es gibt nicht allzu viele, die sie überhaupt mag. Danke vielmals für Ihren Besuch. Ich fühle mich seit Ihrer Pflege viel besser.«

Sie lächelte.

»Ich freue mich immer, wenn ich mich um jemanden kümmern kann«, sagte sie. »Bitte, lassen Sie's mich wissen, wenn ich sonst je irgend etwas für Sie tun kann.«

»Ja, gern«, versicherte ich ihr. Leise schloß sie die Türe hinter sich. Nur ihr Parfümduft blieb im Zimmer, und ich muß sagen, es war tatsächlich kein so unangenehmer Duft.

ELFTES KAPITEL

Dank Phoebe Millers Behandlung dauerte meine Erkältung zum Glück nur einen Tag. Schon am nächsten Morgen war ich, wenn auch noch nicht ganz der Alte, so doch fieberfrei und fähig, in der Sprechstunde zu erscheinen. Der alte Hodge hatte wirklich sich selbst überboten, und der Raum, in gelbes Licht getaucht, sah sauber, gepflegt und freundlich aus.

Einer großen Zeitvergeudung war ich schon längst auf die Spur gekommen. Gerne hätte ich etwas dagegen unternommen. Doch fiel mir nichts ein, was ohne große bauliche Änderungen möglich gewesen wäre. Mußte ich im Spital nämlich einen externen Patienten untersuchen, dann lag er, wenn ich bereit war, schon ausgekleidet auf dem Untersuchungstisch. War ich mit ihm zu Ende, dann konnte ich mich ohne Zeitverlust dem nächsten widmen, der ebenfalls ausgekleidet meiner harrte. In meinen Praxisräumen war all das komplizierter. Wenn ich es für nötig fand, Mrs. Jones zu untersuchen, mußte ich daumendrehend an meinem Schreibtisch warten, bis sie ihren Mantel abgelegt, ihre Hutnadeln herausgezogen, sich ihrem Kleid entwunden, ihren Unterrock abgestreift und ihr Korsett aufgehakt hatte. Dies dauerte nicht allzulange, und ich mußte die Daumen nicht allzuoft umeinanderdrehen, ehe sie fertig war. Etwas anderes jedoch war es beim Wiederankleiden. Ich hätte mindestens zwei andere Patienten in der Zeit behandeln können. War sie dann glücklich zum Gehen bereit, dann pflegte mein Löschblatt randvoll mit meiner Lieblingszeichnung, kleinen Häuschen, aus deren Schornstein dichter Rauch quoll, bekritzelt zu sein. Im Augenblick war das Problem unlösbar. Ich hätte ein zweites kleines Untersuchungszimmer gebraucht, in dem ein Patient sich an- und auskleiden konnte, während ich mir im Sprechzimmer einen oder zwei andere vornahm. Nun mußte vorläufig alles beim alten bleiben. Das einzig Tröstliche an der Sache war, daß die jüngeren und schlankeren Frauen meist im Nu fertig wurden. In der Regel machten mir die Sprechstunden Spaß. Abgesehen von der medizinischen Praxis fand ich bald heraus, daß ich eine Art Briefkastenonkel oder ein Beichtvater sein sollte. Ich erteilte Ratschläge über Ehe und Liebesleben, Ferien und Familienplanung, unterschrieb Formulare für Pässe, Schwangerschaftsbeihilfen und Extrakoks für den Boiler. Ich besprach mit jungen Müttern die relativen Nährwerte pürierter Karotten und gehackten Spinats, mit älteren Müttern den relativen Wert der Heiratskandidaten ihrer Töchter. Sollten jemals obligatorische Gesundheitszentren geplant werden, um den Ärzten regelmäßige Arbeitsstunden zu sichern wie den Ladenverkäufern, so würde ich bis zum letzten Blutstropfen dagegen ankämpfen. Schon meine paar ersten Praxismonate hatten mir eindrücklicher, als alle Propaganda es tun könnte, gezeigt, wie wichtig es ist, die Familie als Ganzes zu behandeln. Hätte ich den kleinen Jimmy nur als irgendeinen Jungen behandelt, ich würde vielleicht nie gemerkt haben, daß sein nervöser Tick, sich am rechten Ohr zu kratzen, der unablässigen Nörgelei seiner Mutter zuzuschreiben war. Wie die Dinge lagen, kurierte ich die Mutter erst von ihrer Nörgelei, deren

Ursache in einer stark überaktiven Schilddrüse lag, und ging darauf Jimmys ärgerliche Gewohnheit mit Erfolg an. Fast immer hing die Besserung des schlechten Benehmens bei Kindern von der willigen Mitarbeit der Eltern ab. Weil ich die alte Mrs. Higgins behandelte, die Magenkrebs hatte, war ich einzig dadurch imstande, die junge Mrs. Higgins von ihren eingebildeten »fürchterlichen Magenschmerzen« zu befreien, daß ich ihr versicherte, sie leide weder an der gleichen Krankheit wie ihre Schwiegermutter noch an irgend etwas sonst. In aller Bescheidenheit darf ich behaupten, daß meine bloße Gegenwart in zahlreichen Fällen rasche Erholung bewirkte. Mrs. Brown hatte gesehen, daß ich Mr. Brown von seinem Ekzem befreit und die Mandeln der kleinen Joan sowie die Bindehautentzündung des Neugeborenen richtig behandelt hatte, deshalb brachte sie mir von vornherein volles Vertrauen entgegen, als ich die Ursache ihrer Kopfschmerzen suchte und fand. Das war die wahre Familienpraxis, und meiner Meinung nach war es wichtig, daß dabei keine Änderung eintrat.

Zum erstenmal bemerkte ich an diesem Morgen auf meiner Besuchsliste den Namen meiner nächsten Nachbarin, Mrs. Parker. Bis jetzt stand ich nur auf »Grußfuß« mit ihr, obwohl ich sonntags mit ihrem Manne lange Gartendiskussionen über den Zaun hinweg hielt. Er schien ein netter Kerl zu sein und brachte laut Mrs. Little seiner Gattin noch immer getreulich seinen allwöchentlichen Blumenstrauß mit heim. »Was ist mit Parkers?« erkundigte ich mich bei Mrs. Little.

»Es ist ihretwegen, aber sie sagt nicht, was ihr fehlt.«

»Gut«, sagte ich, »da werde ich zuerst zu ihr hinübergehen.«

Zu meiner Überraschung fand ich Mrs. Parker, die mir immer den Eindruck einer gelassenen kleinen Frau gemacht hatte, in Tränen vor. Auf ihrem Gesicht zeichnete sich ein bös aussehender roter Striemen ab, der sich vom Haaransatz bis zum Kinn hinzog. Ich nahm an, daß sie deswegen weinte, und fragte sie, womit sie sich verletzt habe.

»Es ist von einem Stück Fisch«, schluchzte sie, »ein Stück gebratener Hering war's.«

Das sagte mir weiter nicht viel, und ich wartete ihre nähere Erklärung ab.

»Mein Mann hat's getan. Er hat mir damit übers Gesicht geschlagen.«

Das schien dem freundlichen Mr. Parker so wenig ähnlich, daß ich annahm, sie übertreibe.

»Sie sagen, er hat Sie mit einem Stück Fisch geschlagen?«

Sie nickte und rieb sich die Augen mit einem durchweichten Taschentuch.

»Ich halt' es nicht länger aus, Herr Doktor, ich halt' es einfach nicht mehr aus. All die Jahre hab' ich es ertragen, aber jetzt kann ich nicht länger.«

Ihre Stimme wurde immer lauter, und sie begann wieder unbeherrscht zu weinen. Ich suchte sie zu beruhigen und bat sie, mir die ganze Geschichte im Zusammenhang zu erzählen – vielleicht, daß ich ihr dann würde raten können. Nach ein paar Minuten hörte sie auf zu schluchzen, strich sich das Haar aus der Stirn und steckte ihr Taschentuch in die Schürzentasche. Dann setzte sie sich etwas aufrechter hin, wie um sich zusammenzureißen, und sagte:

»Es ist mein Mann, Herr Doktor. Ich kann's einfach nicht aushalten, wie er sich aufführt –« Sie lächelte ein wenig. »Ich drücke mich wohl nicht klar genug aus, wie? Aber sehen Sie: Ich hab' das alles so lange bei mir behalten, daß es mir jetzt schwerfällt, mit jemandem darüber zu reden.«

»Wenn Sie vielleicht ganz von Anfang anfingen«, schlug ich vor.

»Der Anfang war nach dem Krieg«, sagte sie. »Charles war vom ersten Tag an in der Armee, er hatte sich freiwillig gemeldet. An der Front stand er nicht viel, er war im Nachrichtendienst, aber viel im Ausland, und meist ging es dauernd von einem Ort zum anderen. Wir waren schon sechs Jahre verheiratet, als der Krieg begann, und wir hätten überhaupt kaum glücklicher sein können, als wir's waren. Im Kriege ging dann natürlich alles kunterbunt zu, und wir hatten nicht viel voneinander. Wenn Charles auf Urlaub kam, war es immer wunderbar, und wenn er fort war, kümmerte ich mich um die Kinder und wartete auf seine Briefe und den nächsten Urlaub. Als er dann entlassen wurde, kauften wir das Haus hier und richteten uns darauf ein, ein normales Leben zu führen. Zuerst glaubte ich, alles wäre wieder so wie früher. Charles arbeitete, um sein Geschäft wieder aufzubauen. Ich machte mir mit dem neuen Haus zu schaffen. An den Wochenenden waren wir alle zusammen und hatten Besuch oder gingen mit den Kindern aus. Ich kann gar nicht genau sagen, wann alles sich zu ändern begann. Ich merkte es so ganz allmählich. Äußerlich schien alles, wie es immer gewesen war, aber Charles hatte irgend etwas Gezwungenes in seinem Benehmen zu mir. Während er erst immer lieb gewesen war, weil er einfach nichts anderes kannte und konnte, seiner ganzen Natur nach, wurde mir jetzt klar, daß er nur so tat – als ob er eine Rolle spielte. Ich beobachtete ihn manchmal, wenn er abends in seinem Sessel saß, und dann lag ein so abwesender, so kalter Blick in seinen Augen. Sobald er merkte, daß ich ihn beobachtete, setzte er ein Lächeln auf, aber es war kein echtes Lächeln, bestimmt nicht. Er war ja früher immer schon viel fort gewesen, wenn er geschäftlich nach Nordengland reisen mußte, aber allmählich blieb er immer länger und länger fort, selbst übers Wochenende. Es war weiter nicht schwer zu merken, was los war mit ihm. Zuerst wurde ich sehr böse. Aber ich beschloß, der Kinder wegen, vernünftig zu sein und darüber wegzukommen. Ich liebte Charles immer noch, und es war nicht leicht, über die Sache zu reden, weil ich mich, oberflächlich betrachtet, in keiner Weise über sein Benehmen zu beschweren hatte. Bis ich eines Tages den Beweis in Händen hielt. Es kam ein Brief, der nur an C. Parker gerichtet war, ohne ›Mr.‹ oder ›Mrs.‹, deshalb machte ich ihn auf. Er war angefüllt mit lauter banalen Redensarten von einer seiner Freundinnen. Ich sage von einer, weil es sich dann bei der Aussprache zwischen uns herausstellte, daß er mehrere am Bändel hatte. Dabei verhielt er sich so anständig wie nur möglich bei der ganzen Sache, mir gegenüber meine ich. Er sagte, er könne nicht dagegen an. Er beteuerte immer wieder, er liebe mich immer noch.«

Mrs. Parker schwieg einen Augenblick und lächelte wie eine Frau, die keine Illusionen mehr hat.

»Ja, er benahm sich mir gegenüber wirklich anständig; er suchte sogar einen Psychiater auf, der ihm sagte, die Heilung liege in seinen eigenen Händen und seinem eigenen Verhalten, falls er wirklich geheilt sein wolle. Wir blieben um der Kinder willen zusammen. Aber mit unserem früheren schönen Verhältnis war es natürlich aus. Vor den Augen der Leute waren wir nach wie vor das glücklichste Ehepaar; wir hatten nicht mal guten, gesunden Krach miteinander wie andere, sondern mogelten uns einfach mit Höflichkeit durch. Erst seit einiger Zeit gibt es offenen Streit zwischen uns. Und zwar hab' ich damit angefangen. Ich habe lange genug mein stilles, enttäuschtes Dasein über mich ergehen lassen und sehne mich danach, der ganzen Sache ein Ende zu machen. Die Kinder sind ja nun älter und werden bald auf eigenen Füßen stehen und sich wahrscheinlich mal verheiraten. Wir zanken uns jetzt den ganzen Tag über nichts und wieder nichts, wahrscheinlich bloß, weil ich seinen Anblick nicht mehr ertrage. Jedenfalls fragte ich ihn heute früh, als er einen Knopf von mir angenäht haben wollte, warum er damit nicht anderswo hingehen könne. Da riß er den Hering, den ich gerade briet, aus der Pfanne und schlug mir damit ins Gesicht.«

Wieder kamen ihr die Tränen. »Ich habe es lange genug ausgehalten, Herr Doktor, wahrhaftig.« Sie lächelte von neuem unter ihren Tränen. »Er bringt mir sogar jede Woche noch Blumen mit, bloß um bei den Nachbarn Eindruck zu schinden. Bis jetzt hab' ich sie immer in den Kehrichteimer geworfen, aber wenn er es diese Woche wieder tut, dann schmeiße ich sie ihm einfach ins Gesicht.«

Ich wollte ihr nicht sagen, daß die Blumen jedenfalls ihren Zweck bei den Nachbarn erfüllt hätten, besonders bei Mrs. Little. Ich behandelte ihre Brandwunde auf der Stirn und versprach auf ihre Frage, nötigenfalls dem Gericht Auskunft über das zu geben, was ich gesehen hatte.

»Ich hätte doch wohl auch ohne das Grund genug, meinen Sie nicht?« fragte sie bitter.

Mir kam es allerdings vor, daß sie eine Trennung nicht ganz so leicht durchsetzen würde, wie sie sich vorstellte, nachdem sie jahrelang die Vergehen ihres Mannes dadurch geduldet hatte, daß sie wenigstens scheinbar weiter mit ihm lebte.

Da meine Kenntnis des Gesetzes indessen sehr verschwommen und Mrs. Parker in keinem Zustand war, der eine ernste Erörterung zuließ, schwieg ich.

Sie saß da und zerrte wieder an ihrem Taschentuch herum. »Hoffentlich habe ich Ihre Zeit nicht zu lange in Anspruch genommen, Herr Doktor. Bitte, denken Sie nicht schlecht von mir, weil ich ...« Sie brachte den Satz vor Schluchzen nicht zu Ende.

Ich redete ihr zu, bis sie sich gefaßt hatte, und ließ ihr zwei Beruhigungspillen da. Während sie mir die Haustür aufschloß, hatte sie ihre Fassung so weit wiedergewonnen, daß sie mir für meinen Besuch danken konnte.

ZWÖLFTES KAPITEL

Bereits im Sommer fühlte ich mich in meiner Praxis wirklich heimisch. Ich kannte meine Patienten einigermaßen, namentlich die ständigen, und hatte eine Ahnung von den verschiedenen Familien, die sich bei mir als Kassenmitglieder eingeschrieben hatten. Ich war imstande, diejenigen, die wegen jeder Kleinigkeit telefonierten, von denen zu unterscheiden, die den Arzt nur bemühten, wenn sie wirklich ernsthaft erkrankt waren. Auf meiner Besuchsrunde bekam ich immer seltener zu hören, »der alte Doktor hat uns das und das gegeben« oder »der alte Doktor hat ihm nie erlaubt, dies oder jenes zu tun«. Man spielte nicht mehr so häufig auf meine Jugend an und erschien nicht mehr so leicht in meiner Sprechstunde mit der oft überflüssigen Bitte, »mal so im allgemeinen zu untersuchen«.

Eines Samstagnachmittags saß Mrs. Grimshaw, deren an Windpocken erkranktes Kind meine allererste Patientin gewesen war, mir am Schreibtisch gegenüber.

»Ich hab' mich nicht entschließen können, eher zu kommen, Herr Doktor«, sagte sie, »da Sie doch noch so jung sind. Aber Mrs. Carter aus unserer Straße hat gesagt, ich soll' doch nicht so einfältig sein, sie wär' ja selbst bei Ihnen gewesen und viele von den andern Nachbarinnen auch. Da bin ich also, Herr Doktor.«

Die Mrs. Carter, auf die sie sich bezog, war die Klatschbase der städtischen Siedlung. Sie kannte einen jeden, und was er tat oder nicht tat, und mengte sich in alles ein. Für mich war sie allerdings unschätzbar gewesen. Sie hatte mich Freunden und Bekannten empfohlen, neu Zuziehende so lange geplagt, bis sie mit ihren Kassenkarten zu mir kamen, und mein Lob über sämtliche Gartenzäune gesungen. Eine große, dicke Frau mit sieben Kindern und einem Mann, der als Briefträger amtete, wenn er nicht gerade nebenamtlich als Feuerwehrmann anders in Anspruch genommen war. Sie erschien als erste auf dem Schauplatz, wenn sich irgendwo im Umkreis die ersten Wehen einstellten. Sie war es, die Masern, Windpocken, Mumps, und was sie »Ausschlag vom Zahnen« nannte, bei den Nachbarskindern diagnostizierte und zu der die Frauen gelaufen kamen, wenn sie sich über ihre Männer zu beklagen hatten. Sie erteilte Ratschläge über die Kleider der Brautjungfern, wenn eine Hochzeit bevorstand, beriet die Angehörigen über Taufnamen für das Neugeborene und amtete als Leichenbitterin. Sie war eine nie wankende Stütze für ihre Freunde und eine nicht zu unterschätzende Macht für ihre Feinde. Es schauderte mich bei der Vorstellung, was geschehen mochte, sollte je ein unglücklicher Zufall mich der letzteren Kategorie einreihen.

Ich war mit Mrs. Grimshaw fertig und hörte mir soeben eine Geschichte von Mrs. Lockett über das Bettnässen ihres kleinen Steven an, als die Glocke am Telefon ging, ein Zeichen, daß jemand persönlich mit mir zu sprechen wünschte. Alle Gespräche wurden in der Küche durch Mrs. Little abgenommen, und sie verband mich nur dann, wenn ich selbst am Telefon verlangt wurde. Ich bat Mrs. Lockett, mich zu entschuldigen, und griff zum Hörer.

»Schatz?« sagte eine wohlbekannte Stimme, und ihr Klang hatte die gewohnte Wirkung auf mich.

»Hallo«, sagte ich und fühlte dabei Mrs. Locketts Augen forschend auf mir. »Ich bin gerade mitten in der Sprechstunde.«

»Entschuldige, ich will dich gar nicht lange aufhalten, aber ich mußte dich einfach anrufen. Rate weswegen?«

»Warum denn?«

»Ich hab' mich verlobt.«

Ich spürte, wie mein Herz zusammenzuckte und ein Zentnergewicht irgendwo in der Gegend meiner Magengrube herabfiel.

»Hast du's gehört?«

Mrs. Lockett beobachtete mich noch immer, während der kleine Steven auf seinem Stuhl auf und nieder hopste.

»Ja, ich hab's gehört. Mit wem?« fragte ich, obwohl ich es bereits erraten hatte.

»Mit Wilfred, Wilfred Pankrest.«

Ich wußte nicht, was ich antworten sollte.

»Na, gratulierst du mir denn nicht mal?«

»Ich habe Sprechstunde.«

»Herzlichen Glückwunsch kannst du ja wenigstens sagen.«

»Herzlichen Glückwunsch!«

»Kann ich ihn morgen zum Tee zu dir mitbringen?«

»Wen – Wilfred?«

»Ja. Ich möchte, daß du ihn kennenlernst. Er ist einfach ein –«

»Schatz?« fragte ich, und Mrs. Locketts Augen sprangen beinahe aus dem Kopf.

Sylvia ging nicht auf meinen Sarkasmus ein.

»So gegen vier?« meinte sie unbefangen. »Jetzt muß ich aber schleunigst Schluß machen. Denk nur, all die Leute, denen ich es sagen muß!«

»Kann ich mir lebhaft denken.«

»Wiedersehn, also morgen!«

»Leb wohl.«

Ich führte die Sprechstunde zu Ende, ohne daß das Bleigewicht sich von meinem Magen hob. Ich versuchte mir einzureden, Sylvia habe gar nicht telefoniert, tat vor mir selbst, als hätte ich mir unser Gespräch nur eingebildet. Dabei hätte ich Wilfred Pankrest am liebsten umgebracht. Es konnte einfach nicht wahr sein! Obwohl Sylvia mir mit großer Bestimmtheit erklärt hatte, sie würde mich nie heiraten, hatte ich doch nie die Hoffnung aufgegeben. Ich war überzeugt, daß sie mich noch immer liebte und ich nur abzuwarten brauchte, bis sie endlich die Dinge so ansehen würde wie ich. Je mehr ich darüber nachdachte, desto übelgelaunter wurde ich. Ein Kerl wie Wilfred konnte Sylvia, meine Sylvia, nie verstehen.

Ich dachte an unsere erste Verabredung. Eine Woche, nachdem wir uns in dem von Italien kommenden Flugzeug kennengelernt, hatte Sylvia mir versprochen, mit mir auf unseren ›Spital-Ball‹ zu kommen. Als ich an ihrer Wohnungstür läutete, packte mich eine unbeschreibliche Angst. Obwohl ich schon mehrere Male geglaubt hatte, mich verliebt zu haben, war mir noch nie so etwas wie jetzt mit Sylvia geschehen. Die Tür wurde von der Schauspielerin Molly, Sylvias Wohnungspartnerin, geöffnet, und gleich im Moment meines Eintretens spürte ich, daß ich mich in einem mir fremden Milieu befand. Molly begrüßte mich mit den Worten: »Hallo, Darling!« obwohl ich sie noch nie im Leben zu Gesicht bekommen hatte, und ich erwiderte notgedrungen auch »Hallo«.

Sie war alles andere als hübsch und trug einen langärmeligen Overall, in dem sie mehrere Male Platz gehabt hätte. Immerhin besaß sie Persönlichkeit genug, um ihren Overall auf eine gewisse schauspielerische Art zu tragen und ihren Zügen einen künstlichen Anstrich von Schönheit zu geben.

»Ich fabriziere gerade ein Spaghettigericht«, plauderte sie, während sie mich ins Wohnzimmer führte. »Mit Knoblauch und Basilikum und einer winzigen Spur von wildem Thymian. Sylvia rührt es natürlich nicht an, wegen ihrer schlanken Linie, aber ich könnte von nichts anderem leben. Versuchen Sie es doch mal, nicht? Ich heiße Molly und soll Sie unterhalten, während Sylvia sich anzieht, das wunderbare Geschöpf.«

Ich sagte Molly, auf dem Ball sei für das Diner gesorgt, nahm jedoch ein Glas Sherry an.

»Stammt von einem von Sylvias Anbetern«, erklärte sie, als ich ihm ein Lob zollte.

Mit einer Lebhaftigkeit und einem Charme, bei dem sich ein ganzes Regiment bald wohl gefühlt hätte, ließ mich Molly die Minuten vergessen, die verstrichen, während ich auf Sylvia wartete.

Als sie endlich erschien und ich sah, daß der Blick ihrer Augen den meinen spiegelte, wußte ich, daß ich mich nicht geirrt hatte und daß unser Zusammentreffen kein banaler Zufall gewesen war, sondern Liebe auf den ersten Blick.

Wie ich vorausgesehen hatte, trat vor Sylvia auf dem Ärzteball alles andere in den Schatten. Arztfrauen verstehen sich bekanntlich nicht gerade geschmackvoll anzuziehen, und darin bildeten die anwesenden keine Ausnahme. Auch seitens der Krankenschwestern war keine Konkurrenz zu fürchten, denn die meisten von ihnen konnten mit dem, was sie verdienten, keine großen Sprünge machen. Sylvia verdrehte allen den Kopf. Ich glaube, ich kann mich noch an alle Kleider, in denen ich sie je sah, so gut erinnern wie an die Lehrsätze in Greys Anatomie. Wenn ich es mir heute überlege, so verfolgte Sylvia, von Molly dazu angestiftet, wahrscheinlich das Ziel, mit ihrer Erscheinung den Spitalball zu beleben. Doch kannte ich sie damals noch nicht gut genug, um zu durchschauen, was sie im Schilde führte. Zu beschreiben war eigentlich an ihrem Kleid nicht viel, außer daß es leuchtend rot war. Sie mußte sich sehr behutsam darin bewegen. Ihr Haar hatte sie hoch auf dem Kopf in einen Knoten aufgesteckt, der nur von einem brillantglitzernden Kamm gehalten wurde. Alles übrige war einfach Sylvias Schönheit und ihre wunderbare Gestalt. Ich konnte hinterher nicht sagen, was wir gegessen haben; ich hörte keine der Reden und wußte nicht, wie die Tanzkapelle gewesen war. Ich wußte von nichts anderem, als daß Sylvia mir nahe war. Als wir zurückkehrten, trafen wir Molly und ihren Freund vor der Wohnung an, und gingen alle hinein, um noch etwas zu trinken. Mollys Freund spielte den Barmann, und Sylvia und ich gingen in die Küche, um Potato Crisps zu holen. Es dauerte eine halbe Stunde, bis wir damit wieder zurückkamen, denn wir wurden durch unseren ersten Kuß aufgehalten. Im Spülstein standen die Pfannen von Mollys hervorragendem Spaghettigericht, und an dem darüber gespannten Seil baumelten Nylonstrümpfe. Sylvia tat gar nicht erst, als sehe sie sich nach den Potato Crisps um. Sobald wir in der Küche waren, blieb sie einfach stehen und blickte mich an. Das war eben so wunderbar an Sylvia: nie benahm sie sich verschämt oder neckisch kokett, wie andere Mädchen, die ich kennengelernt hatte. Wenn sie liebte, dann liebte sie, einfach und großzügig wie alles, was sie tat. So stand sie da, mit leuchtenden Augen, so frisch, wie sie zu Beginn des Abends gewesen. Als wir wieder etwas benommen ins Wohnzimmer zurückkamen, wußte ich, falls ich es bis dahin nicht gewußt hatte, daß ich niemand anderen als sie lieben könne. Und nun schien es wegen dieses elenden Nichtstuers, dieses Pankrest, daß dennoch alles vorbei war ...

Ich stand wütend vom Schreibtisch auf. In dieser Stimmung sollte ich Krankenbesuche machen. Und dazu hatte Sylvia die Stirn gehabt, sich mit Wilfred zum Tee bei mir einzuladen, als wäre es nicht schon genug gewesen, mir ihre Verlobung mitzuteilen! Dann fiel mir mit einem Male Mrs. Littles Teegebäck ein. Auf keinen Fall sollte Sylvia etwa Mitleid mit mir empfinden. Ich notierte am Ende meiner Besuchsliste, daß ich etwas Anständiges zum Tee besorgen mußte, da am Sonntag keine Läden offen waren.

Ich machte meine Besuche, ohne den Gedanken an Sylvia loszuwerden, und fuhr dann langsam die Hauptgeschäftsstraße hinunter, um nach einer Konditorei auszuschauen. Vor einem ganz einladend aussehenden Laden parkte ich und ging hinein. Die Käuferin vor mir erstand soeben ein Rosinenbrot. Als sie sich umwandte, erkannte ich Mrs. Hume.

»Ach, wie nett, daß wir uns hier treffen, Herr Doktor. Wie geht's denn?«

»Sehr gut, danke, und Ihnen?«

»Ausgezeichnet«, gab sie Auskunft.

Ich verlangte einen Kuchen von der Verkäuferin, und sie wies auf einen kläglich anmutenden Kranz mit einem Überzug aus Creme und Ananas und einen ebenso wenig versprechenden Biskuitkuchen. Mrs. Hume legte mir die Hand auf den Ärmel.

»Von dem Zeug da sollten Sie nichts kaufen, Herr Doktor«, warnte sie mich. »Es ist nur scheußlich.«

Das Mädchen hinter der Theke schoß ihr giftige Blicke zu.

»Aber ich erwarte ein paar Leute zum Tee«, erklärte ich Mrs. Hume.

»Wann kommen sie?«

»Morgen.«

»Bitte, ach bitte, erlauben Sie mir, Ihnen einen Kuchen zu backen«, sagte sie und rückte mir nahe. »Ich mache wirklich ganz gute.«

Über ihr Anerbieten ziemlich verlegen, zögerte ich einen Augenblick. Nahm ich an, so mußte ich sie anstandshalber zum Tee einladen. Und plötzlich schoß mir durch den Kopf, daß dies vielleicht nicht das Dümmste wäre. So lud ich sie ein.

»Es ist schrecklich nett von Ihnen«, meinte sie, »aber nötig wäre das wirklich nicht, bloß weil ich Ihnen einen Kuchen backe.«

»Nein«, sagte ich, denn meine Idee erschien mir immer einleuchtender, »ich möchte unbedingt, daß Sie kommen. Ich habe ein eben verlobtes Brautpaar zu Gast.«

»Ach wie nett! Wann soll ich dann also kommen?«

»Gegen vier.«

»Fein«, rief sie. »Wollen wir Schokolade oder Obst nehmen?«

Im ersten Augenblick wußte ich nicht, was sie meinte. Dann fiel mir der Kuchen wieder ein.

»Das überlasse ich Ihnen. Sicher ist beides sehr gut.«

»Das wird bestimmt der beste Kuchen meines Lebens!« bemerkte sie leise, und ich fühlte, wie ihre Augen mir folgten, als ich den Laden verließ.

Als ich heimkam, sah ich einen alten Landstreicher an der Haustür herumlungern.

»Haben Sie'n Moment Zeit, Herr?« fragte er.

»Ja? Was wollen Sie denn?«

»Es ist wegen dem Stückchen Teppich.« Er steckte die Hände in die Taschen seines schäbigen Mantels, die grundlos zu sein schienen, denn seine Arme versanken bis zu den Ellbogen darin.

»Was für ein Teppich?« fragte ich.

»Stückchen Teppich, wo im Wartezimmer gelegen hat, das Stückchen Teppich vom alten Doktor.«

»Na und?«

»Also der alte Hodge ist gestern bei mir vorbeigekommen und hat gesagt, wie er die Stube gemalt hat, wär' der Teppich weggetan worden.«

»Stimmt.«

»Also, Herr Doktor, ich mein' bloß, wenn Sie den doch nicht mehr brauchen, könnt' ich ihn dann nicht haben?«

»Ich weiß überhaupt nicht, wo er hingekommen ist«, erwiderte ich. »Er ist aber sowieso nichts mehr wert, man sieht nicht mal mehr das Muster.«

»Wär'n guter Regenschutz«, erklärte er. Ich sah ihn etwas verständnislos an:

»Regenschutz?«

»Jawohl, würd' mir den Regen fein weghalten. Hab' schon lange ein Auge auf den Teppich da gehabt.«

»Na schön, Sie können ihn gern haben, wenn ich ihn finde.«

»Der alte Hodge weiß schon, wo er ist«, erwiderte er rasch. »Hat ihn in der Garage für mich weggesteckt.«

»Dann ist ja alles in Ordnung. Wo wohnen Sie denn übrigens?«

»Oben bei der städtischen Siedlung.«

»Nette Lage«, sagte ich. »In einem der Reihenhäuser?«

Er schaute mich mitleidig an. »Nee, in so 'ner Kiste könnt ich nicht leben. Ich leb' unter der Hecke – schon seit zehn Jahren.

Hab' vorher 'ne feine Hecke in Norwich gehabt, aber die haben sie abgeholzt – Häuser drauf gebaut.«

»Im Freien?« fragte ich.

»Ne, unter 'nem Stück Teppich.«

»Ach so.«

»Hier kennen mich alle. Whittaker heiß' ich. Tom Whittaker.«

»Freut mich«, sagte ich. »Ich werde Hodge sagen, daß er Ihnen den Teppich gibt.«

»Dank' schön.« Er begann wegzugehen, rief mir dann aber noch über die Schulter zu:

»Wenn's vielleicht wieder mal 'nen Teppich gibt . . .«

»Schon recht«, versprach ich. »Ich werde an Sie denken, Tom Whittaker.«

Er nickte nur und verschwand um die Ecke.

Ich ging ins Haus, um Mrs. Little die Sache mit der Teegesellschaft schonend beizubringen.

DREIZEHNTES KAPITEL

Am Sonntagmorgen beim Golfspiel fand Loveday, ich sei sehr zerstreut.

»Was haben Sie denn nur? Für gewöhnlich schlagen Sie den Ball doch Ihre zweihundert Meter vor dem sechsten. Und jetzt schau'n Sie bloß – da liegt er im Bach. Im Bach! Ärger mit Patienten?«

Ich schüttelte den Kopf und setzte erneut zum Schlag an. Ich konnte meinem Partner doch nicht erklären, daß mir eine Teegesellschaft Kopfzerbrechen bereitete.

»Dann kann's nur Verliebtheit sein«, spekulierte Loveday. »So unentwegt schlecht spielen hab' ich Sie noch nie gesehen.«

Ich versicherte ihm, es sei bestimmt nichts dieser Art, und wir spielten weiter; meine Schläge wurden immer miserabler.

Während der letzten paar Monate waren Loveday und ich gute Freunde geworden. Er war und blieb ein verläßlicher, fröhlicher Kamerad und scharfer Rivale auf dem Golfplatz. Er hatte mich mit seiner reizenden Frau und ihren drei Söhnen bekannt gemacht, und ich war in ihrem schönen Hause ein stets willkommener Gast geworden. Zudem hatte Mrs. Loveday eine Köchin, deren Künste mich oft wochenlang für Mrs. Littles Hackfleisch und bleichsüchtige Puddings entschädigten. Wenige Tage zuvor hatte ich Loveday wegen eines unablässigen, peinigenden Schmerzes in einem Backenzahn konsultieren müssen und dabei festgestellt, daß die starken Hände, die auf dem Golfplatz so unbarmherzige Schläge vollbringen konnten, den Bohrer sanft und leicht zu führen verstanden. Es wird behauptet, daß jeder harte und starke Mann eine Fee in sich berge, und in Lovedays Fall war sie unschwer zu finden. Sein Hobby war die Aquarellmalerei. Mit außerordentlichem Geschick und nie erlahmender Geduld verfertigte er Bäume, deren jedes Blatt vollkommen war, Blumen, die in jedem Stadium des Erblühens und Verwelkens zu leben schienen, kleine Vögel, an denen alle Einzelheiten des Gefieders richtig wiedergegeben waren. Er besaß einen gefühlvollen Zartsinn, den jede Bewegung seiner großen, an Schinken gemahnenden Fäuste und jede dröhnende Note seiner knarrenden Stimme Lügen zu strafen schienen. Ja, wir waren gute Freunde, und ich verbrachte mit ihm viele glückliche Stunden.

Als wir zum »neunzehnten Loch«, wie wir das Gasthaus nannten, kamen, legte er mir den Arm um die Schulter und spendierte ein Bier.

»Kopf hoch, alter Junge, man darf sich nie unterkriegen lassen!« sagte er. »Obwohl Sie mir jetzt drei neue Bälle schuldig sind. Wie wär's, wenn Sie mit zum Lunch kämen, was? Ich glaube, unsere Köchin produziert heute ihre ganz speziellen Kalbsschnitzel.«

So verlockend die Aufforderung klang, dachte ich doch, es sei höchste Zeit zum Nachhausegehen. Ich mußte mich den Vorbereitungen für die Teegesellschaft widmen, die in meinem Geiste die Ausmaße eines Alptraums anzunehmen begannen. Ich verabschiedete mich von Loveday und fuhr heim, in Erwartung des kulinarischen Sonntagsfestes, das Mrs. Little mir bieten würde.

Es bestand aus einer im Bratofen verhutzelten Ausgabe dessen, was Mrs. Little Roastbeef zu nennen pflegte, geziert mit einem zähen Stück Yorkshire-Pudding. Doch beachtete ich heute kaum, was ich aß. Rückschauend suchte ich mich zu entsinnen, wie meine Mutter vorzugehen pflegte, wenn sie Besuch erwartete. Ich sah sie vor mir, wie sie sich eifrig mit diesem und jenem zu schaffen machte, hatte dem allem aber damals wohl zu wenig Aufmerksamkeit geschenkt, um genau sagen zu können, mit was. Das einzige, was mir in sicherer Erinnerung haftete, war, daß unser Wohnzimmer stets reich mit Blumen geschmückt war. Blumen! Das war's. Ein Blick in die Stube belehrte mich, daß sie sauber und aufgeräumt schien, aber kahl und nüchtern. Ja, hier mußten Blumen her! Ich holte mir die Küchenschere und begab mich in den Garten, um zu sehen, was da zu finden sei. Ich pflückte ein paar bunte Löwenmäulchen und ein paar weiße Herbstastern, von denen ich mit der Scherenspitze die Eintagsfliegen wegschnippte. Mrs. Little schnupperte, als ich mit meinem Strauß in der Küche erschien.

»Haben wir nicht eine Vase oder so was?« erkundigte ich mich.

»Oben in der Speisekammer steht, glaub' ich, eine.«

Zu jeder anderen Zeit würde sie sie mir selbst herbeigeholt haben, allein sie war noch böse auf mich, weil ich sie durch Mrs. Humes Kuchen tödlich beleidigt hatte. Nie wieder, so kündigte sie mir als zweifelhafte Strafe an, würde ich selbstgebackene Makronen von ihr zum Tee bekommen.

Die Blumen gaben dem Zimmer zweifellos ein freundlicheres Aussehen, obwohl sie sich wegen ihrer verschiedenen Länge etwas sonderbar ausnahmen. Auf dem Teewagen standen Tassen und Teller sowie eine Schale Biskuits neben einer auffällig leer aussehenden Platte für den erwarteten Kuchen.

Mrs. Little bereute anscheinend ihr Verhalten wegen der Vase und fragte von der Schwelle aus, ob ich sonst noch etwas brauche.

»O ja. Haben wir keine Papierservietten?«

Sie schüttelte den Kopf.

»Zum Tee?« fragte sie ungläubig.

»Meine Mutter gab immer welche.«

»Wenn Sie mir's gesagt hätten . . .«

»Na, macht nichts, ist nicht so wichtig.« Ich sagte, sie solle den Tee aufgießen, sobald alle Gäste da seien, blickte mich noch einmal in dem (nach Sylvias Maßstäben) nicht sehr elegant wirkenden Raume um und ging nach oben, um meine Golfsachen ab- und einen anständigen Anzug anzulegen.

Während ich noch unter der Dusche stand, hörte ich die Türglocke und dann Mrs. Humes Stimme in der Diele. Sie kam früher als erwartet, und ich hatte nicht gewollt, daß sie ihrem Erzfeind – Mrs. Little – begegnen sollte, doch nun war es zu spät. In der Hoffnung, daß sie sich nicht gegenseitig umbringen würden, bis ich erschiene, trocknete ich mich ab und zog in aller Ruhe einen der neuen Anzüge an, die ich mir nach meinem Gespräch mit Sir Higgins hatte machen lassen. Ich war froh darüber, daß ich etwas für meine Garderobe getan hatte, denn ich verspürte keine Lust, mich von diesem elenden Wilfred über die Achsel ansehen zu lassen.

Unten angelangt, blieb ich wie angenagelt auf der Schwelle zum Wohnzimmer stehen. Dieses strahlte in heller Blütenpracht; mein bescheidener Beitrag zur Ausschmückung des Raumes war auf den Fenstersims verbannt worden, wo der Vorhang ihn gnädig verhüllte. Auf dem Tisch standen zwei Schälchen mit Pralinés, die Tassen standen auf rosa Papierservietten, und auf dem Tisch prangten zwei lecker aussehende Kuchen auf silbernen Platten.

»Ich dachte, es wäre besser, zwei zu machen, weil nicht jeder gern Schokoladekuchen hat«, ließ sich hinter mir eine Stimme vernehmen.

Mrs. Hume sah in ihrem hellblauen Sommerkleid hübsch aus. In diesem Augenblick hätte ich sie aus reiner Dankbarkeit für ihr frauliches Walten umarmen können.

»Wie wunderbar haben Sie alles hergerichtet!« rief ich aus. »Es ist wirklich zu nett von Ihnen, sich soviel Mühe zu machen.«

»Es war mir ein Vergnügen«, erwiderte sie, und es klang echt.

Aus dem Augenwinkel heraus bemerkte ich, daß sie im Begriff stand, mich beim Arm zu nehmen. Rasch tat ich einen Schritt vorwärts.

»Möchten Sie sich nicht mal die Äpfel ansehen, ehe die anderen da sind?« fragte ich in wilder Hast. »Es sind ein paar ganz prächtige darunter.«

Zusammen schlenderten wir durch den Garten, und ich wies auf die Glanzpunkte meiner »tollen Obsternte«, wie Hodge sie nannte. Bei jedem zweiten Baum warf ich einen verstohlenen Blick auf meine Uhr. Um viertel vor vier war mir vor Aufregung ganz kalt. Um fünf Minuten vor vier steckte ich die Hände in die Taschen, um nicht an meiner Krawatte herumzuziehen, wie es in solchen Augenblicken meine Gewohnheit war. Um vier Uhr hielt ich es nicht länger aus.

»Wollen wir nicht wieder hineingehen?« sagte ich.

Warum ich so aufgeregt war, weiß ich nicht. Sylvia gehörte ja nicht länger mir, und der einzige Grund für ihr Kommen war, sich mit ihrem einzigartigen Wilfred vor mir großzutun. Aber die alte Verzauberung war wohl wieder am Werk. Ich fragte mich, wie lange Sylvia wohl verheiratet sein müsse, ehe ihr Name oder ihre Anwesenheit aufhören würden, so aufwühlend auf mich zu wirken. Mrs. Hume plauderte und zupfte geschäftig hier eine Blume, dort ein Blatt zurecht, um ihren bereits so wohlgelungenen Zimmerschmuck noch zu verbessern. Plötzlich bedauerte ich, daß ich Sylvia nicht gesagt hatte, ich ginge aus, ich arbeitete – irgend etwas, nur um sie am Kommen zu verhindern. Es war schon zehn nach vier; vielleicht hatte sie die Sache überhaupt vergessen.

Da klingelte es zweimal.

Ich hörte, wie Mrs. Little die Haustüre öffnete, und danach Stimmen. Mit ungeschickten Fingern half ich der unseligen Mrs.

Hume, eine Zigarette anzuzünden, und ging zur Türe, als Sylvia und Wilfred hereinkamen.

Zu sagen, daß ich erstaunt war, hieße das, was ich empfand, zu mild ausdrücken. Ich war rasend! Wilfred Pankrest reichte Sylvia knapp bis ans Kinn und sah aus wie ein dicker Hamster. Meine herrliche Sylvia und dieses Mißgewächs! Es war wahrhaftig mehr, als zu ertragen war. Indem ich mich so hoch reckte, wie meine Länge von 1,80 m es nur zuließ, reichte ich den beiden die Hand und begann, die Anwesenden miteinander bekannt zu machen. Wilfreds Hand fühlte sich an wie ein toter Fisch. Er zog die Lippen zurück, bis ein paar Goldzähne entblößt wurden, und entspannte sie dann – vermutlich von der Anstrengung erschöpft – gleich wieder. Er war makellos hergerichtet, von seinem dunkelblauen, feingestreiften Anzug mit der dünnen, über die Brust geschlungenen goldenen Uhrkette bis zu dem steifen weißen Kragen und den spitz zulaufenden braunen Wildlederschuhen. In seiner elegant gestreiften Krawatte stak, haargenau in der Mitte, eine Perlennadel, an dem kleinen Finger seiner linken Hand ein goldener Siegelring. Ich sah Sylvia vorwurfsvoll an, und sie wandte die Augen ab. Wir setzten uns, wobei Wilfred sorgsam seine Hosenbeine hochzog und kurze Nylonsocken enthüllte. Die beiden Frauen tauschten Liebenswürdigkeiten aus. Neben Sylvias beruflichem Schick wurde Mrs. Hume, die mir noch vor wenigen Minuten sehr hübsch erschienen war, zu einer verblühten Dame im Sommerkleid, während Sylvia, die es selbst in ihren schlechtesten Augenblicken mit jeder anderen aufnehmen konnte, einen ihrer besten hatte. Sie trug ein gelbes Kleid mit enger Fältelung. Ihre Ohrringe, ihre flache Handtasche und ihre Schuhe paßten genau zu ihrem Kleid, und den einzigen farblichen Gegensatz bildeten die blauen Augen. Sie erfüllte den Raum mit Licht.

»Worauf sind Sie spezialisiert?« erkundigte sich Wilfred, während er seine Zigarette in ihrem goldenen Halter befestigte.

»Ich bin praktischer Arzt«, antwortete ich; sicherlich hatte Sylvia ihn doch bereits hierüber belehrt!

»Oh!« machte er, »praktischer Arzt. Sehr interessant. Vielleicht kennen Sie Weybridge-Bennet? Er ist mein Hausarzt.«

Weybridge-Bennet war so ungefähr der beste Arzt mit Allgemeinpraxis, den wir in London hatten, und das Gerücht lief um, er werde demnächst geadelt werden. Klar, daß der treffliche Pankrest den und keinen anderen als Hausarzt hatte.

»Nein«, entgegnete ich und fühlte Sylvias Augen warnend auf

mir ruhen. »Kann nicht sagen, daß ich je von ihm gehört habe. Wo praktiziert denn der?«

»Harley Street, wie alle erstklassigen Ärzte«, belehrte er mich mit vorwurfsvoller Miene. »Es wundert mich übrigens, daß Sie ihn nicht kennen. Ich war kürzlich bei allen möglichen Spezialisten in der Straße, aber Sie können allesamt nicht finden, was mir fehlt. Wenn Sie mich fragen, so wissen die Ärzte im Grunde bedeutend weniger, als der Laie annimmt.«

Und siehe da, schon zog er sein Hosenbein in die Höhe und ließ die Socke herunter, um einen hellroten Fleck bloßzulegen. Er war klein und wäre sicher verschwunden, wenn man ihn eine Woche lang mit Kalaminthlösung behandelt hätte.

»Ich habe solche Angst, daß es sich ausbreitet«, sagte er, und zum erstenmal belebte sich sein Ausdruck, während er sich selbst betrachtete und erörterte.

»Mm«, machte ich, von tiefem Widerwillen gegen sein behaartes Bein erfaßt, und schüttelte bedenklich den Kopf.

»Ist das etwas Ernstes?«

»Nun, Sie haben da einen unangenehmen Fall von Epidermophytose.«

»Das habe ich tatsächlich.«

»Sehr unangenehm.«

»Glauben Sie, Sie könnten etwas dagegen tun?«

»Das würde sich schlecht mit der ärztlichen Berufsmoral vertragen. Sie werden ja schon von anderer Seite behandelt.«

»Ach so.« Wilfred beugte sich tiefer, um sein Bein zu studieren. »Arnold Menor, den Weybridge-Bennet als zweiten Gutachter konsultierte, hat allerdings gesagt, es könne von Überarbeitung kommen. Worauf führen Sie es zurück?«

»Gummistrumpfhalter.«

»Wie bitte?«

»Gummistrumpfhalter.«

Zum Glück kam in diesem Moment Mrs. Little mit dem Teebrett herein.

Mrs. Hume betätigte sich als Gastgeberin, was sie mit großem Geschick tat. Wilfred sagte, sie hätten eben erst zu Mittag gegessen, und er könne nichts anrühren, aber Sylvia nahm ein Stück von jedem der Kuchen. Er schmeckte auch vorzüglich.

»Ich dachte nicht, daß deine Haushälterin so gute Kuchen backen könnte«, sagte sie.

»Hat sie auch nicht gemacht. Mrs. Hume hat sie gebacken.«

Sie sah zu Mrs. Hume hinüber, dann zu mir und wieder zu ihr. »Sie sind wirklich ganz ausgezeichnet«, lobte sie, und ich hätte gern erraten, zu welchen sonstigen Schlüssen sie gekommen war.

»Antonio vom Fleur-de-Lys hat Sylvia einen Kuchen zur Verlobung gebacken«, berichtete Wilfred. »Er war fabelhaft, nicht, Sylvia? Antonio bäckt auch unseren Hochzeitskuchen.«

»Wann ist die Hochzeit?« fragte ich und sah Sylvia an.

»Februar«, näselte Wilfred. »Früher ist es zu kalt für Kitzbühel.«

Sylvia wischte sich den Mund mit der rosa Papierserviette.

»Ich dachte, Antonio wäre nicht mehr im Fleur-de-Lys«, bemerkte Mrs. Hume.

Ich fragte mich, wieso sie über das Personal eines Nachtklubs Bescheid wisse, dann fiel mir ihr reicher erster Mann ein und ihr lebenslustiger zweiter.

»Er war auch mal fort, aber die Gäste wurden so ärgerlich darüber, daß man ihn überreden mußte, wiederzukommen.«

»Ich werde nie Antonios Pigeons à la Crapaudine vergessen«, sagte Mrs. Hume mit einem träumerischen Blick in den Augen.

Sie stand auf und zog einen Stuhl in Wilfreds Nähe, und während sie sich des langen und breiten über Antonios Kochkünste erging, würdigte er ihre Figur – eben das, was sie arglistig hatte herausfordern wollen. Als sie Antonios kulinarisches Repertoire in allen Einzelheiten erörtert hatten, kamen sie auf den ihm nicht ebenbürtigen Monsieur Tailleur von »La Paume« zu sprechen. Ich machte mir indessen ihr beiderseitiges Interesse für Nachtleben und materielle Genüsse zunutze, überließ sie ihren tiefsinnigen Betrachtungen über die Sauce Béarnaise des einen oder anderen Kochkünstlers und nahm Sylvia mit hinaus in den Garten.

»Sylvia, wie konntest du nur?« stieß ich hervor.

»Wie konnte ich was?«

»Du weißt es ganz genau. Dieser Bursche ist ja nur halb so groß wie du und ein völliger Trottel.«

»Wenn du mit mir in den Garten gegangen bist, nur um Wilfred zu beleidigen ...« Damit machte sie Miene, ins Wohnzimmer zurückzukehren, allein ich hielt sie am Arm zurück.

»Entschuldige«, sagte ich. Doch im nächsten Augenblick ritt mich der Teufel, und ich fügte hinzu: »Aber du weißt nur zu gut, daß es wahr ist.«

»Das tu' ich nicht, und das weißt du«, erwiderte Sylvia in aller Ruhe. »Dir sind einfach die Trauben zu sauer.«

»Damit willst du wohl sagen, ich sei ein Neidhammel.«

»Eigentlich paßt wohl weder das eine noch das andere, aber du weißt auch so, was ich meine. Es hat keinen Zweck, daß ich ein Loblied auf Wilfred singe, aber ich möchte, daß du versuchst, ihn gern zu haben. Schließlich will ich ihn ja heiraten.«

»Wo wollt ihr leben?«

»Er hat in Schottland ein Schloß und ein Haus in der Stadt.«

Ich konnte ein kindisch verächtliches »Pah!« nicht unterdrücken, im tiefsten Inneren aber wußte ich, daß Sylvia hier wie dort eine elegante Hausherrin abgeben würde.

Ich wandte mich, um sie über das Vogelbad hinweg scharf ins Auge zu fassen.

»Sylvia, ich muß es wissen! Liebst du ihn?«

»Warum sollte ich ihn denn sonst heiraten?«

»Weich nicht aus.«

»Stell keine indiskreten Fragen.«

»Sag lieber geradeheraus, ich solle mich um meine eigenen Sachen kümmern.«

»Das wäre grob.«

»Ich wäre immer noch lieber grob, als daß ich jemanden, den ich nicht liebe, seines Geldes wegen heiratete«, meinte ich.

Sobald es heraus war, wußte ich, daß ich zu weit gegangen war. Sylvia sah einen Augenblick lang in ihrem zitronengelben Kleid nicht mehr ganz so schön aus.

»Ich glaube, es wird Zeit, daß wir hineingehen«, sagte sie kuhl und schritt über den Rasen auf das Haus zu. Als sie ins Zimmer trat, stand Wilfred auf und zog mit gekünstelter Geste eine dünne Golduhr aus seiner Westentasche.

»Ich meine, wir sollten jetzt gehen, Sylvia«, verkündete er, nachdem er einen Blick auf das Zifferblatt getan hatte. »Wir sind zum Dinner bei den Hampshires in Surrey eingeladen.«

Wir brachten die Verabschiedungen hinter uns, ohne daß Sylvia mir ein einziges Mal ins Auge sah. Mit Mrs. Hume in der Haustür stehend, sah ich die beiden in ihrem austernfarbenen Jaguar davonfahren. Nie im Leben war mir so elend, nie war ich so deprimiert und so unglücklich gewesen. Ich war böse auf Sylvia, haßte Wilfred aus tiefstem Herzensgrund und war gar nicht aufgelegt für Mrs. Humes Gesellschaft. Als der Wagen um die Ecke verschwunden war, schloß ich die Türe, und Mrs. Hume sagte:

»Ich muß nun auch gehen.«

»Danke für die Kuchen und all Ihre Hilfe.«

»Es war mir ein Vergnügen. Ich warte immer noch darauf, Ihnen ein Nachtessen kochen zu können. Wollen Sie nicht an einem Abend in dieser Woche kommen? Bitte.«

Ich zögerte, versuchte, mir rasch eine Ausrede auszudenken. Dann dachte ich plötzlich: »Zum Kuckuck auch, warum sollte ich eigentlich nicht hingehen und mir mal ein anständiges Essen gönnen?« und antwortete: »Mittwoch?«

»Fein«, sagte sie. »Sobald Sie mit der Sprechstunde fertig sind. Ich werde etwas machen, das sich warmstellen läßt, für den Fall, daß es später wird. Also dann bis Mittwoch.« Und sie warf mir im alten Chormädchenstil einen Handkuß zu.

»Mittwoch«, wiederholte ich und dachte: »Worauf habe ich mich da wohl eingelassen?«

Mrs. Little stand völlig entrückt am Teewagen. Sie trug tatsächlich ein Lächeln zur Schau.

»Ach, ist die entzückend!« seufzte sie und drückte einen Teller an den Busen.

»Wer?«

»Diese junge Dame. Noch entzückender als ihr Bild. Kommt sie bald wieder her?«

»Ich weiß nicht, Mrs. Little. Kann's wirklich nicht sagen.«

Ich ging in den Garten und blieb vor dem Vogelbad stehen, um mir ein Gespräch zwischen uns auszumalen, wie ich es gern gehabt hätte. Als ich eben zu der Stelle gekommen war, an der Sylvia mir versprach, Wilfred den Laufpaß zu geben und mich zu heiraten, rief Mrs. Little mir zu: »Wie steht's mit dem Nachtessen?«, und ich stieß wütend mit dem Fuß nach einem Löwenzahn, so daß die Sporen in die Luft flogen, und ging ins Haus.

VIERZEHNTES KAPITEL

Ich spürte ihn plötzlich am Morgen nach Sylvias Teebesuch – den ersten frostigen Herbsthauch in der Luft. Die Sonne schien nicht minder hell als in den letzten Wochen, allein alles schien fast unmerklich verändert. Es gemahnte mich an die herabwehenden braungelben Blätter in den Höfen der Colleges von Cambridge, an Trainingsläufe in aller Morgenfrühe, an Wollsweaters mit spitzem Ausschnitt und den Beginn der langen Abende. Es machte mich auch traurig, weil um diese Jahreszeit mein Vater gestorben war, fünf Monate vor meiner Promotion. Darin lag ein geheimnisvolles Walten. Vater war der einzige Sohn neben sechs Schwestern gewesen, und er war so überglücklich, daß sein einziges Kind ein Knabe war. Nichts war ihm zu teuer oder zu gut für mich, kein Wildwestfilm zu langweilig, kein Modellflugzeug zu kompliziert. Durch mich wurden ihm all die faden Stunden seiner Kindheit aufgewogen, die er in der Gesellschaft so vieler Mädchen hatte verbringen müssen, die Nähnadeln, die sie in halbfertigen Puppenkleidern auf Stühlen herumliegen ließen und später in feinen handgenähten Wäschestücken. Die glücklichste Zeitspanne für Vater waren wohl die Jahre der elektrischen Eisenbahnen. Als sie um waren, starb er tausend Tode, wenn ich auf dem Rad (das er mir nur dank Mutters langem Zureden gekauft hatte) ausfuhr, und stellte sich unaussprechlich furchtbare Dinge vor, die mir zugestoßen sein mußten, wenn ich mich einmal nach der Schule verspätete. Es war ihm gleich, wenn meine Zeugnisse Bemerkungen aufwiesen wie »netter, aber fauler Junge«; zog ich aber die Gesellschaft von Kameraden der seinen vor oder nahm an Anlässen teil, die er nicht mitmachen konnte, dann verzehrte ihn die Eifersucht. Als ich dann mit einem freundlichen Autobuschauffeur Bekanntschaft geschlossen hatte und meine Zukunft als Busfahrer plötzlich fest vorgezeichnet vor mir lag, bestärkte mich ein Gespräch zwischen den Eltern, das ich zufällig hörte, noch in meinem Entschluß.

»Wenn je ein Mensch zum Arzt geschaffen war, dann unser Junge«, so höre ich Vater heute noch sprechen. Durch die halbgeöffnete Schlafzimmertür sah ich Mutters besänftigendes Lächeln.

»Das muß man erst mal abwarten«, erwiderte sie.

»Jedenfalls kann ich dir nur raten, solche Ideen vorläufig für dich zu behalten. Er kommt jetzt in das Alter, wo ihn alles, was wir sagen, in die entgegengesetzte Richtung treiben wird.«

Wie gut Mutter kleine Jungen verstand! Aber das war auch nötig, da sie ihrer zwei – Vater und mich – in ihrer Obhut hatte.

Ich behielt meine Überzeugung bei, einst auf dem Führersitz eines Londoner Autobusses zu thronen, bis mit Mutter, wie mir schien, über Nacht ein plötzlicher Wechsel vor sich ging. Aus der immer beschäftigten, lächelnden Trösterin, die ich im Hause gewohnt war, stets um mich zu wissen, wurde eine nicht wiederzuerkennende Fremde, deren Gestalt sich unter der Bettdecke kaum abzeichnete. Mutter so zu sehen war schlimm genug, noch mehr aber regte mich, wie ich still auf den Zehenspitzen treppauf, treppab schlich, die Wandlung auf, die mit Vater vor sich gegangen war. Er redete fast kein Wort mit mir, schien das Lächeln verlernt zu haben und beriet sich dauernd mit verhaltener Stimme mit Dr. Mather, der mehrmals täglich in Mutters Schlafzimmer hinaufging. Eines Tages erschien dann, nachdem Vater und Dr. Mather noch länger als gewöhnlich miteinander geredet hatten, ein zweiter Arzt. Er kam nicht, wie Dr. Mather, in einem Austin mit zwei kleinen Hündchen auf dem Rücksitz, sondern in einem Rolls-Royce, den ein Chauffeur lenkte – ein uniformierter Mann mit strengem Gesicht, der sich aber gleichwohl erweichen ließ, mir zwei Zigarettenbildchen zu schenken. Ich weiß nicht mehr, wie der neue Arzt aussah, sondern nur, daß es Mutter bald anfing besser zu gehen, nachdem er sie besucht hatte. Kaum wanderte sie wieder im Hause umher, kaum war alles wieder ins normale Gleis und Vaters Lächeln auf sein Gesicht zurückgekehrt, als ich ankündigte, daß der Bus Nr. 13 auch fürderhin ohne meine Mithilfe fahren müsse und ich Arzt werden wolle. Nicht so einer wie Dr. Mather, sondern mit einem Rolls-Royce. Mehr konnte Vater sich nicht wünschen. Als ich später meine Biologie, Physik, Chemie und nachher Anatomie und Physiologie studierte, lernte Vater alles mit. Oftmals fand ich ihn, wenn ich heimkam, mit aufgestülpten Hosenbeinen oder Ärmeln vor Greys auf dem Boden aufgeschlagener »Anatomie« sitzen und seine Knochen abfühlen. Mutter nannte ihn nur noch »den Spezialisten«, und ich möchte schwören, daß er sämtliche Prüfungen bestanden haben würde. Ich hatte das beste Mikroskop, das dazumal auf dem Markt war – nur stand es leider mehr im Fenster des Pfandleihers als auf meinem Schreibtisch, denn so großzügig Vater sich auch zeigte, waren wir Studenten in Cambridge eben doch immer blank. Als ich dann nach London zurückkam und mein klinisches Jahr absolvierte, verbrachten Vater und ich allabendlich Stunden miteinander, um, das Stethoskop in den Ohren, unseren gegenseitigen Herz- und Atemgeräuschen zu lauschen oder einander Blutproben zu entnehmen.

Jedesmal, wenn es zum Mittagessen Geflügel gab, konnte Vater es sich nicht versagen, zu Mutters Abscheu die Knochen in die Höhe zu halten und ihre Lage im Körper zu diskutieren.

Es war Oktober, und wir hatten alle beide begonnen, ernstlich für die kommende Prüfung zu büffeln, als sie Vater eines Tages aus dem Geschäft heimbrachten. Er war nicht mehr fähig zu sprechen und auf der einen Seite vollständig gelähmt. Ich wußte genug, um die Prognose zu fürchten, und keiner wußte genug, ihm Besserung zu bringen. Innerhalb eines Monats hatte er einen zweiten Schlag, und ehe sechs Wochen um waren, war er tot. Danach hatte ich keinen Mut mehr, ins Staatsexamen zu steigen, und einzig Mutters beharrliches Zureden, daß dies es ja sei, was sich Vater am meisten gewünscht habe, konnte mich bewegen, die Nase weiter in die Bücher zu stecken und mir das Gehirn für die Prüfung vollzupfropfen. Ich kam durch, hatte aber kein erhebendes Gefühl dabei, denn »der Spezialist« war nicht mehr da, um meine Leistung zu teilen. Fast ein Jahr verging, bis meine niedergedrückte Stimmung sich verlor, und nur noch beim Nahen des Herbstes kamen der Groll und die Bitterkeit über den jähen Tod meines Vaters über mich.

Sogar Mrs. Little hatte den Temperaturwechsel wahrgenommen. Wenn sie meine zwei kläglichen Frühstückswürstchen vor mich auf den Tisch stellte, bemerkte sie, die Luft habe etwas Beißendes, und ich stimmte ihr mit einem Knurren zu. Sie kannte meine Abneigung gegen Gespräche am Frühstückstisch, daher wunderte es mich, als sie eines Morgens dennoch neben mir stehenblieb, während ich das erste Stückchen Wurst in den Mund schob.

»Was gib's denn, Mrs. Little?« fragte ich, nachdem ein rascher Blick auf ihr Gesicht mich belehrt hatte, daß es tatsächlich etwas geben müsse.

»Ich dachte bloß, Herr Doktor, ob ich nicht das Wochenende vielleicht frei kriegen könnte. Nicht das diese Woche, die nächste, meine ich. Ich weiß, es paßt immer schlecht, aber meine Schwester, die Marjorie, geht doch mit ihrem Mann nach Tanganjika (sie sprach es ›Tanganigger‹ aus) und ich möchte gern an dem Wochenende, bevor sie abfahren, zu ihnen nach Liverpool fahren.«

Liverpool! Mrs. Littles Schwester und Tanganjika – das alles ging mich nichts an.

»Ich wünschte bloß, ich wüßte jemanden, der für mich herkommen könnte«, fuhr sie fort, und ich merkte, daß die treue Seele sich aufregte bei der Vorstellung, mich im Stich lassen zu sollen.

Mir fiel nur eine Lösung ein: Mutter müßte ihre Vertretung übernehmen, und so sagte ich zu Mrs. Little, dies würde sich wahrscheinlich schon einrichten lassen. Ganz erleichtert sah sie mich an.

»Na, jedenfalls ist's ja nicht schon dieses Wochenende«, tröstete sie mich und sich, »sondern erst das übernächste.«

Ich wurde spät mit der Sprechstunde fertig, weil es Montag war – stets ein patientenreicher Tag –, und ich eilte in die Küche, um mir Mrs. Littles Besuchsliste zu holen. Mrs. Little hängte gerade im Garten Wäsche auf. Ich warf einen Blick auf den Notizblock. Ein paar unleserliche Worte standen darauf. Ich rief sie herein, um sie mir entziffern zu lassen, und es stellte sich heraus, daß es sich nicht um ein Rezept handelte, das jemand, wie ich vermutete, telefonisch erbeten hatte, sondern um ein paar Sachen, die sie für die Küche brauchte. Mrs. Little war nicht davon abzubringen, ihre Einkaufsliste auf das gleiche Blatt zu schreiben wie die Patientenanrufe, was schon oft infolge ihrer grotesken Abkürzungen Verwirrung geschaffen hatte. Andererseits hatte ihr unentwegtes Aufschreiben den Vorteil, daß sie nie etwas vergaß.

Der dringendste Anruf stammte anscheinend von Mrs. Houston, deren Mädchen, Kathy O'Brien, »schrecklich Leibweh« hatte. Seitdem ich in der Gegend praktizierte, hatte ich eine ganze Reihe solch irischer Haushaltshilfen kennengelernt, und darum faßte ich sogleich einen gewissen Verdacht hinsichtlich Kathys »schrecklichem Leibweh«.

Mrs. Houston war sehr froh, als ich ankam.

»Hören Sie doch nur, was für einen Lärm sie macht, Herr Doktor«, sagte sie, und in der Tat schlugen vom oberen Stock her herzbrechende Klagelaute an mein Ohr. »Sie macht immer gleich so ein Getöse, und ich bin nie sicher, ob ihr wirklich etwas fehlt oder nicht. Seit neun Uhr geht das jetzt schon so.«

Ich ging in Kathys Zimmer hinauf, während Mrs. Houston am unteren Treppenabsatz stehenblieb.

»Kommen Sie nicht mit?«

»Ach nein, Herr Doktor, das kann ich wirklich nicht«, und sie schüttelte sich leicht bei der Vorstellung, das Krankenzimmer zu betreten. Ich trat an Kathys Bett. Mit vor Schmerz weit aufgerissenen Augen rief sie:

»Herr Doktor, ich hab' so gräßliche Schmerzen.«

»Wann ist Mrs. Houston zuletzt bei Ihnen oben gewesen?«

»Sie ist seit dem Morgen nicht 'raufgekommen.«

»Können Sie sich denken, was es ist?«

»Mein Magen, Herr Doktor.« Sie stieß einen Schrei aus und stöhnte erneut über die »gräßlichen Schmerzen«.

Ich wandte ihr den Rücken zu, um mein Köfferchen hinzustellen, als sie einen Schrei von sich gab. Es war ein mir so wohlbekannter Schrei, daß ich ohne Besinnen die Bettdecke zurückschlug. Vor mir lag ein ausgetragenes Kind – nicht eine Frühgeburt, auf die ich gefaßt gewesen war.

»Warten Sie!« schrie ich Kathy blöde an, riß mir die Jacke ab und die Türe auf, um hinunterzurufen:

»Mrs. Houston! Bringen Sie rasch eine Schnur und saubere Tücher. Kathy hat ein Kind gekriegt!«

»Was reden Sie da für Unsinn?« kam es entrüstet von unten.

»Tun Sie, was ich sage«, schrie ich, und meine Grobheit setzte sie in Bewegung.

Ein paar Minuten darauf klopfte sie an die Tür und reichte mir das Gewünschte.

»Sie können hereinkommen und mir helfen«, sagte ich.

»Ach, das kann ich nicht. Wirklich nicht. Ich würde bestimmt ohnmächtig.«

Sie hatte selbst drei Kinder auf die Welt gesetzt, und ärgerlich machte ich die Türe vor ihr zu. Es blieb mir keine Zeit, etwas auszukochen oder heimzufahren und meine Entbindungstasche zu holen. So versorgte ich Kathy, so gut ich konnte, und verließ sie auf der Matratze liegend und mit dem Federbett zugedeckt. Das Kind, das kräftig und gesund aussah, wickelte ich in einen halbwegs sauberen Pullover Kathys, nahm es in den Arm und ging hinunter, um mich nach Mrs. Houston umzusehen. Oben war sie nicht zu erblicken, aber aus der Küche kam Tellergeklapper. Ich war gerade unten angelangt, als die Haustüre ging und der Hausherr heimkam. Er sah sehr flott aus in seinem braunen Filzhut mit der aufgerollten Krempe und dem buschigen Schnurrbart, den er sich zum Ausgleich für seine kleine Statur hatte wachsen lassen.

»Gratuliere!« begrüßte ich ihn. »Es ist ein Junge!«

Seine blauen Augen sprangen ihm fast aus dem Kopf, und er näherte sich meinem Bündel.

»Was zum Kuckuck haben Sie denn da?«

»Ein Baby.«

In diesem Augenblick rief Mrs. Houston, aus der Küche tretend, ihm zu:

»Gott sei Dank, daß du da bist, Matthew«, und sank auf der untersten Treppenstufe um.

Ich überließ den Säugling Mr. Houston und gab seiner Frau einen Klaps auf die Wange.

»So«, sagte ich dann, »jetzt wollen wir die Angelegenheit besprechen.«

In der richtigen Annahme, daß kein Mitgefühl für sie bereitstand, setzte Mrs. Houston sich auf. Wir erklärten ihrem Gatten, was sich abgespielt hatte.

»Ich wußte nicht mal, daß sie schwanger war«, wimmerte Mrs. Houston. »Sie sah genauso aus wie immer.«

»Nicht nur schwanger, sondern im neunten Monat, möchte ich

sagen«, gab ich ihr zu wissen. »Sie muß es unter ihrer Schürze verborgen haben.«

»Was sollen wir bloß machen? So ein fürchterlicher Schrecken!«

Ich stopfte meinen Hemdzipfel in die Hose. »In einer Woche ist sie bestimmt wieder obenauf. Sie hat ja eine Roßnatur.«

»Ich kann sie nun doch nicht behalten!« rief Mrs. Houston.

»Nehmen Sie mir das da um Himmels willen ab«, sagte ihr Mann und reichte mir das Baby.

»Wenn Sie sie nicht hier behalten wollen, muß ich dem Krankenhaus berichten«, erklärte ich und reichte es ihm zurück. »Aber ich weiß nicht, ob sie sie überhaupt aufnehmen werden, weil sie das Kind ja schon hat. Ich werde sagen müssen, sie hätte es noch nicht, und vorgeben, es sei gerade angekommen, während sie unterwegs waren, um sie abzuholen. Freilich wäre es weitaus besser, Sie könnten sie hier behalten.«

Ich sah, wie Mrs. Houston entsetzt die Augen hob, und begab mich aus Mitleid für Kathy ans Telefon.

Ich wartete, bis die Ambulanz sie abgeholt hatte, und ging dann hinauf, um meine Jacke anzuziehen.

Mrs. Houston öffnete mir die Haustür und sah mich kalten Auges an. Sie verabschiedete sich, als sei ich allein an allem schuld, und wartete kaum ab, bis ich draußen stand, um die Türe hinter mir zuzumachen. Ich wappnete mich im stillen nicht nur gegen ein Hackbeefsteak, sondern gegen angebranntes Hackbeefsteak und setzte mich in das Auto, um meine übrigen Besuche zu erledigen, in der Hoffnung, sie würden weniger ereignisreich verlaufen.

FÜNFZEHNTES KAPITEL

Sie waren gerade fast alle aus den Sommerferien wieder daheim angelangt, die Wohlhabenden von Viareggio oder Santa Margherita (Frankreich schien aus irgendeinem Grunde dieses Jahr weniger beliebt), die nicht so Wohlhabenden aus den vielen englischen Seebädern. Die noch weniger mit Glücksgütern Gesegneten hatten sich damit zufriedengegeben, in ihrer freien Woche den Garten in Ordnung zu bringen, die Küche frisch zu weißen und alle sonstigen Schäden auszubessern, die im Laufe von einundfünfzig Arbeitswochen im Hause entstanden waren. Die Kinder dieser Häuser hatten in den meisten Fällen das Meer nie zu sehen bekommen und verbrachten die Sommerferien mit Seilhüpfen und Rollerfahren auf den Straßen. Entschwunden waren die langen, faulen Tage an fremdem Strand, vergessen war die kleinliche Habgier der Pensionsinhaberinnen in den heimischen Sommerfrischen bis zum nächsten Jahr, und die Türen wurden auf die bevorstehenden Winterstürme hin abgedichtet. Die Kinder gingen wieder in die Schule, die Straßen waren still, und morgens wie abends war das Wartezimmer voll. Die Mütter saßen, nachdem sie die Schuluniformen mit Anfangsbuchstaben gezeichnet, auf der Suche nach der richtigen Schuhnummer durch die Läden geirrt waren und pflichtschuldig die Mickymausbilder in den Kinderbüchern bewundert hatten, gemütlich an den Wänden und genossen die Minuten der Ruhe, ehe sie an der Reihe waren, mir im Sprechzimmer ihr Herz auszuschütten. Für die Arbeitermütter hatte ich ein besonders weiches Herz und aufrichtige Bewunderung. Im Spital waren sie mir freilich auch schon begegnet, ich hatte sie bei ihren Bruchleiden behandelt, sie wegen ihrer Krampfadern beraten, ihre pfeifenden Bronchien abgehört. Damals hatte ich jedoch nur eine Seite ihres Daseins zu sehen bekommen. Erst jetzt, nach einem halben Jahr eigener Praxis, die mich in ihre Häuser führte, begann ich das öde, tägliche Einerlei zu erkennen, das für sie das Leben bedeutete; die schwere Waschbütte, die montags unzählige Male hochgehoben, gefüllt und wieder geleert werden mußte; lange Stunden am Schüttstein oder Bügelbrett ließen schmerzhafte, geschwollene Venen entstehen, und Vernachlässigung der eigenen Gesundheit in der Sorge für eine vielköpfige Familie ohne ausreichende Geldmittel führte zu tuberkulösen Lungen. Oft gab es keine Medizin für mich zu verschreiben, es gab nichts, das sechs Wochen fern der Familie nicht heilen würde, und so hörte ich denn, so mitfühlend ich nur konnte, den nüchternen Berichten zu. Wem sonst konnten sie sie auch erzählen? Die Nachbarn waren nicht gesonnen, sie sich anzuhören, ohne zum Entgelt dafür ihre eigenen Beschwerlichkeiten auszubreiten; die Ehemänner wollten nichts als sich regelmäßig den Magen füllen, die Kinder hatten an nichts Interesse. Sie waren nette, im großen ganzen wenig klagende Menschen, meine Arbeitermütter, und ich betrachtete meine Zeit und das Geld des Staatsgesundheitsdienstes als gut angelegt, wenn sie nur ein wenig glücklicher aus der Sprechstunde fortgingen, als sie gekommen waren.

Zuweilen ging die Klaglosigkeit mir zu weit. Wie oft schon hatte ich seit Beginn meiner Tätigkeit unter ihnen voller Schrecken eine Frau mit heftiger Lungenentzündung und 40 Grad Fieber zum

Sprechzimmer hereinkommen oder eine akute Blinddarmentzündung feststellen müssen, die schon vor Stunden hätte operiert werden sollen! Dafür wurden in der Regel zwei Entschuldigungen vorgebracht. Entweder hieß es: »Ich wollte Sie nicht belästigen, Herr Doktor, wo ich doch weiß, wieviel Sie zu tun haben« oder: »Ich hab' nicht drauf geachtet, weil ich einfach nicht von der Arbeit weg kann.« So manches Mal konnte ich nicht mehr tun als solch eigensinnige Patientinnen überreden, sich zu Bett zu legen, oder ihnen die Notwendigkeit der sofortigen Überführung ins Krankenhaus mit dringenden Worten vorzustellen. All mein Reden hatte oft keinen anderen Erfolg, als daß sie mir entgegenhielten, sie hätten niemand, der nach den Kindern sehen könnte, ja sogar, sie müßten erst nach Hause gehen, weil sie das Mittagessen aufgesetzt hätten. Mehr als einmal hatte Mrs. Little rasch zur städtischen Siedlung laufen müssen, um das Gas unter dem Eintopfgericht abzudrehen oder eine Nachbarin ausfindig zu machen, die sich der Kinder annehmen würde, solange die Mutter auf dem Operationstisch lag. Immerhin aber blieben die arbeitenden Mütter, abgesehen von solchen Beschwerden, die ihre Arbeit mit sich brachte, im allgemeinen recht gesund. Durch ihr hartes Leben waren sie selbst hart geworden.

Es war die höhere Einkommensklasse, welche, von den im Staatlichen Gesundheitsdienst vorgesehenen Erleichterungen reichlich Gebrauch machend, ein weiter gedehntes Netz von Gesundheitsstörungen zu spinnen wußte. In ihrer Gruppe stieß ich neben den allen Menschen gemeinsamen Beschwerden auf die nicht organisch bedingten Kopfschmerzen, die schlaflosen Nächte wenig ermüdeter Gehirne, die Kinder, die nicht essen wollten. Nie begegnete ich einem Kind, das nicht essen wollte, in Häusern, wo kaum genug zu essen für alle da war. Diese Klasse war es, von der meine Zeit am meisten in Anspruch genommen wurde. Es waren Leute, die ich in meinen Assistententagen im Spital kaum je zu sehen bekommen hatte: Leute, die nie Kopfweh hatten, ohne daß ihnen davon »der Kopf zersprang«, keinen Schnupfen, bei dem sie nicht »zerflossen«, die nie andere als »unerträgliche« Schmerzen verspürten. Ihnen bedeutete jeder Husten gleich eine Tuberkulose, jede Magenblähung ein Herzleiden, jeder benommene Kopf einen Gehirntumor. Das alles kostete mich so viel Zeit, weil in der Medizin auch der Neurotiker nicht einfach abgeschoben werden kann, und weil nirgends geschrieben steht, daß ein Patient, der jahrelang mit seinen eingebildeten Beschwerden ein leeres Geschrei gemacht hat, nicht eines schönen Tages wirklich ein organisches Leiden mit ähnlichen Symptomen bekommen kann. Man konnte nie zu vorsichtig sein, und jetzt, nachdem all meine Kranken und nicht so Kranken aus den Ferien zurück schienen, brachte ich von Tag zu Tag längere Stunden im Sprechzimmer zu.

Als ich an diesem Mittwoch mein Patientenbuch rasch überflog, entdeckte ich, daß ich am Sonntag in einer übereilten Anwandlung versprochen hatte, zum Nachtessen zu Mrs. Hume zu kommen. Ich ging in die Küche, um Mrs. Little zu verhindern, daß sie mir eines ihrer köstlichen Spezialgerichte zum Abend koche.

»Es wäre nur Brathering gewesen!« belehrte sie mich, und ich sah ihr an, daß sie darauf brannte zu erfahren, wohin ich zum Essen ginge. Doch ich tat ihr vorläufig nicht den Gefallen und ließ sie zappeln, bis ich ihr vor dem Fortgehen abends die Telefonnummer hinterlassen mußte, unter der ich zu erreichen sein würde. Als ich nach einem vollbesetzten Tag meine Nachmittagssprechstunde beendigt hatte, wäre es mir freilich am liebsten gewesen, Mrs. Littles Bratheringe vorgesetzt zu bekommen und meine Beine am Kamin ausstrecken zu können. Widerstrebend zog ich mich um, legte Stethoskop und Köfferchen mit der heimlichen Hoffnung, frühzeitig abgerufen zu werden, in den Wagen und erschien an Mrs. Humes blankpolierter Türschwelle.

Noch bevor sie mir aufmachte, schlug mir ihr Parfüm schon durch den Briefkastenschlitz entgegen. Es war für meinen leeren Magen fast zuviel. Ich brachte mühsam ein wenig freundliches »Guten Abend« heraus und folgte ihr verdrossen in die Wohndiele.

Hier brannte ein Kaminfeuer, und davor stand auf einem Tischchen eine Flasche meines bevorzugten Sherrys mit zwei geschliffenen Gläsern. Unliebenswürdig brummte ich etwas vor mich hin.

»Ich finde, es wird jetzt abends recht kühl«, sagte sie, »und diese elektrischen Öfelchen schläfern mich ein.« Ich gab ihr innerlich recht, war aber zu ungehobelt, um es zu sagen. Der Sherry erhitzte mir den leeren Magen allzu plötzlich, so daß ich ein fast schmerzendes Hungergefühl empfand. Sie sprach wenig, ließ mich in meinem unhöflichen Schweigen einfach neben sich stehen und ging, als ich mein Sherryglas hinsetzte, mir voran ins Eßzimmer. Es war klein, aber mit Geschmack eingerichtet, mit einem polierten runden Tisch, zwei Gedecken auf Spitzenmatten, den hochroten Kerzen, an denen das Wachs hinuntertropfte. Alles sah aus wie eine Reklame aus einer der Frauenzeitschriften, die meine Mutter sich hielt. Einzig und allein aus dem so überaus weiblichen Anstrich der Aufmachung schloß ich, daß mir sicher kleine raffinierte Speisen mit ebenso raffinierten Saucen vorgesetzt werden würden, so daß ich angenehm überrascht war, als wir mit einer wärmenden, angenehm gehaltvollen Suppe anfingen, in welcher eine Menge kleiner Gemüsewürfel umherschwammen.

»Brunoise«, erklärte sie. »Meine Lieblingssuppe.«

»Im Spital pflegten wir das ›Familienbad‹ zu nennen, aber so gut wie hier schmeckte es nicht.«

Sie lächelte, und wir löffelten in freundlichem Einvernehmen weiter. Meine Befürchtungen legten sich allmählich, als sie mit zwei mannsgroßen Beefsteaks mit Bratkartoffeln und grünem Salat hereinkam. Und als ich endlich Messer und Gabel hinlegte und mir drei Glas Wein hatte schmecken lassen, freute ich mich, daß ich gekommen war. Ich lächelte meiner Gastgeberin zu und sagte, es habe mir wunderbar geschmeckt.

»Das hatte ich auch gehofft«, erwiderte sie und erhob sich, um den Nachtisch zu holen. Er bestand aus kleinen Walderdbeeren mit Maraschino, und nun war mein Wohlbehagen vollkommen.

Zu den hüpfenden Flammen des ersten Kohlenfeuers im Jahr zurückgekehrt, tranken wir einen ausgezeichneten Kognak zu unserem Kaffee. Ich lächelte nachsichtig, als sie bedauerte, keine Zigarren zu haben, und ich fragte mich, ob ich wohl imstande sein würde, mich aus dem Sessel zu hissen, falls ich abgerufen würde. Sie saß mir gegenüber auf einem Kaminschemel. In dem verdämmernden Licht und beim Abglanz der rosigen Flammen hätte sie mir gleichaltrig sein können. Mir erschien sie einfach als eine Frau schlechthin, und zwar nicht als ein übles Exemplar der Gattung. Wohlzufrieden trank ich meinen Kognak. Dies hier war entschieden Bratheringen und lang ausgestreckten Beinen vorzuziehen.

Sie erzählte mir von ihrem Sohn Philipp, und wie immer, wenn sie von ihm sprach, wurde ihre Stimme sanft. Plötzlich sagte sie:

»Ist es nicht merkwürdig, wie manche ihr Leben verpfuschen, während andere alles haben, wie sie sich's wünschen?«

»Meint man das nicht nur, weil andrer Leute Wiesen uns immer grüner scheinen als die eigenen?«

»Nicht ganz. Zum Glücklichsein gehören doch immer zwei, und man könnte sich ausrechnen, daß bei den vielen Menschen, die es auf der Welt gibt, wenig Wahrscheinlichkeit bestünde, daß die richtigen einander finden. Allein kann man nie glücklich sein.«

»Ach, das würde ich nicht sagen«, wandte ich ein.

»Sie sind jung. Wenn man jung ist, nimmt sich alles in der Welt herrlich aus. Erst wenn die Jahre vorüberziehen und die Runzeln im Gesicht sich einschleichen – erst dann wird einem klar, wie man sein Leben verpfuscht hat. Wenn ich Philipp nicht hätte, würde ich mich wahrscheinlich eines Morgens, nachdem ich mich im Spiegel betrachtet hätte, umbringen.«

»Mir kommen Sie aber immer recht glücklich vor.«

Sie lächelte, und ihre Zähne schimmerten weiß.

»Wer hat einen unglücklichen Menschen gern?« fragte sie und stand auf, um ihr Kleid glattzustreichen.

Sie zeigte wieder ihr gewohntes fröhliches Gesicht. »Ich will Ihnen mal meine Bilder von Philipp zeigen, und wenn es Sie noch so langweilt!«

»Im Gegenteil, es wird mir Freude machen«, sagte ich voller Großmut über meinem Kognakglas und fühlte mich mürbe genug, um mir die Photos von so vielen kleinen Buben anzusehen, wie sie herauszusuchen gewillt sein würde.

Sie setzte sich zu mir, und ich bewunderte Philipp als Säugling, Philipp, wie er seine ersten Schritte machte, Philipp am Meeresstrand auf einem großen Esel aus Stoff. Als wir bei Philipp auf seinem ersten Dreirad angelangt waren, kitzelte ihr blondes Haar, das wunderbar duftete, mein Kinn. Unausgesetzt schwatzend schlug sie hastig die Seiten des Albums um. Als Philipp es zu Rollschuhen und einem reizenden Schulbubenlächeln gebracht hatte, das in dem verschwimmenden Licht eben noch erkennbar war, verschloß ich mich innerlich gegen Sylvia. Gott allein weiß, was geschehen wäre, wenn nicht das schrille Läuten des Telefons all meine Sinne in die Wirklichkeit zurückgerufen hätte. »Laß es läuten«, sagte sie mit weicher Stimme. Ich stand dennoch auf.

»Ach ja, natürlich. Sie dürfen ja nicht«, sagte sie.

»Was für ein Hundeleben Sie doch führen«, fügte sie noch hinzu.

Ich stolperte in meiner Hast, ans Telefon zu gelangen, über den Kaminschemel und horchte auf Mrs. Littles nüchterne Stimme, die mir sagte, ich solle möglichst schnell zu Andersons hinüber – mit dem Kind sei etwas nicht in Ordnung, Mr. Anderson hätte ganz aufgeregt geredet. Ich rief mir die kleine Herzkranke vor die Augen und überlas im Geiste die Notizen, die ich mir über ihren Zustand gemacht hatte.

»Es tut mir leid, daß ich nicht dableiben kann, um Ihnen für die freundliche Einladung zu danken. Aber ich fürchte, es liegt etwas Ernstes vor.«

»Machen Sie sich nichts daraus. Ich freue mich, daß Sie gekommen sind. Wir müssen einander besser kennenlernen.«

Mit dieser doppelsinnigen Bemerkung öffnete sie mir die Tür.

Während ich durch die dunkelnden Straßen fuhr, dachte ich an das fröhliche Geplauder der kleinen Wendy an jenem Nachmittag, als ich sie zu Sir Monmouth Higgins gebracht hatte, und fragte mich, was ihr wohl zugestoßen sein könnte. Der Anblick Mrs. Andersons, die, als ich ankam, mit dem Kind in ihren Armen auf den untersten Stufen des Treppenhauses saß, gab mir alsbald die Antwort auf meine Frage.

Hier konnte ich nichts mehr tun. Die Kleine war schon vor zehn Minuten gestorben, und vor mir lag ein trauriges, alles zerstörendes Nichts.

Ich mußte das Letzte, was sie je von ihrem Kinde im Gedächtnis bewahren würde, aus den Armen der Mutter fast gewaltsam loslösen. Ich trug das tote Kind hinauf in das kleine Schlafzimmer, in dem sich alles fand, was so ein Kindchen sich wünschen konnte. Mr. Anderson folgte mir die Treppe hinauf.

»Sie hatte ihren Teddybären unten liegenlassen«, sagte er mit dumpfer, tonloser Stimme. »Sie muß wohl aufgewacht sein und sich erinnert haben, daß sie ihn vergessen hatte, und ins Treppenhaus gelaufen sein. Wir hörten sie rufen: ›Mami, ich hab' Teddy unten gelassen.‹ Wir haben sie sonst ja immer hinuntergetragen, nie selbst gehen lassen, aber wir hörten sie schon heruntertrippeln, und ehe wir noch aus dem Eßzimmer waren, stand sie im Pyjama auf der Diele. Sie lächelte uns bloß noch an, öffnete den Mund, wie um etwas zu sagen, und fiel dann auf den Boden.«

Er trat an das Bett und streichelte das Haar des Kindes. »Sagen Sie mir, daß ich bloß träume, Herr Doktor! Sagen Sie mir, daß alles ein Traum ist.«

Mrs. Anderson kam herein und stellte sich neben ihren Mann. »Ich habe so auf sie aufgepaßt«, sagte sie. »Ich hätte dafür sorgen müssen, daß der Teddy oben war. Was ist denn nur geschehen?« fragte sie. »Hat sie gelitten?« Ich schüttelte den Kopf und erklärte den beiden, daß in solchen Fällen der Tod gewöhnlich augenblicklich eintrete.

Mr. Anderson nahm seine Frau in die Arme, und trockenen Auges klammerten sie sich aneinander. Ich konnte hier nichts mehr tun, und voll Mitgefühl dachte ich, es sei am besten, sie allein zu lassen. Ich bat sie, mich anzurufen, wenn ich ihnen noch irgendwie von Nutzen sein könne, und ging hinunter.

Während ich mein Köfferchen in der Diele an mich nahm, warf ich durch die offenstehende Türe einen Blick ins Wohnzimmer. Das einzige Licht dort drinnen kam von einem elektrischen Ofen, und es fiel auf einen halbzerfetzten Teddybären, der auf dem Teppich lag. Behutsam zog ich die Haustür hinter mir zu, indem ich mich fragte, wo in der Welt Gerechtigkeit zu finden sei, und Ärger überkam mich beim Gedanken an Mrs. Hume, die mit ihrem Geschick haderte.

SECHZEHNTES KAPITEL

Sprachen waren nie meine starke Seite. In Deutschland konnte ich mir ohne allzu große Schwierigkeit ein Glas Bier beschaffen, mein Französisch war nie viel über »la plume de ma tante« hinausgediehen, und in Italien blieb ich noch immer unsicher vor den Toiletten stehen. Ich hatte mir nie träumen lassen, daß einst der Tag kommen würde, an dem ich mich am liebsten selbst geohrfeigt hätte, weil ich, statt aufzupassen, in meinen Sprachstunden die Zeit damit vergeudet hatte, die Anfangsbuchstaben meines Namens mit den kunstvollsten Schnörkeln auf die Bank zu schnitzen.

Seit dem Verschwinden englischer Haushaltshilfen wurden die Wohnungen von vielen meiner Patienten von einem Heer elegant aufgemachter junger Damen aus so gut wie sämtlichen Ländern Europas betreut. Manche davon waren Studentinnen, andere nicht; einige verstanden sich auf Hausarbeit, andere nicht. Alle aber kämpften den gleichen Kampf mit den Ungereimtheiten der englischen Sprache. Ich war jetzt allerdings nicht mehr ganz so schlimm daran wie die ersten Male, als ich vor dem Problem stand, eine Patientin behandeln zu müssen, ohne ihre Krankengeschichte aufnehmen zu können. Die einzigen, denen gegenüber ich mich völlig und in jeder Weise geschlagen bekennen mußte, waren die Skandinavierinnen. Das einzige Wort ihrer Sprache, das ich kannte, war »Smörgasbord«, und selbst das konnte ich nicht aussprechen.

Am Morgen nach dem Nachtessen bei Mrs. Hume erwachte ich in einer meiner weniger glücklichen Stimmungen, und diese besserte sich nicht, als meine erste Patientin ins Sprechzimmer trat. Ich kannte sie noch nicht, und angesichts ihrer strahlenden Jugendlichkeit, ihrer feinen Fußgelenke und ihrer weißen Lederhandschuhe, die aussahen, als seien sie wirklich die richtige Größe, vermutete ich, daß sie der Legion der »Haustöchter« angehöre.

Nervös saß sie auf der Kante ihres Stuhls.

»Ihr Name?« fragte ich.

Sie lächelte zustimmend.

»Wie ist Ihr Name?«

Diesmal strahlte sie mich förmlich an.

»Parlez-vous français?«

Sie nickte.

»Nom?«

»Duvert.«

»Prénom?«

»Mariette.«

»Hübscher Name«, dachte ich.

»Que voulez-vous?« fragte ich, aus Erfahrung wohl wissend, daß diese Erkundigung eine Flut des reizendsten Französisch entfesseln würde, von dem ich kaum einmal das Allernötigste verstehen könnte.

»Bedaure, mais je ne comprends pas. Où est le douleur?«

Ich nahm an, daß sie irgendwo »un douleur« habe, weil das meist so war.

Sie zeigte auf ihr Ohr, und ich atmete erleichtert auf. Ich nahm meinen Ohrenspiegel zur Hand und trat zu ihr, um mir ihr Ohr anzuschauen. Sie stieß einen kleinen Schrei aus, indem sie auf die andere Seite des Stuhls rutschte, und überschüttete mich sodann mit einem Strom von abwehrenden Worten, deren Quintessenz ich als »Non, non, non« herausschälte. Ich betete, daß die Tür zum Wartezimmer fest geschlossen sein möchte, und beschwor sie auf gut Englisch, lieb zu sein und stillzusitzen.

»Comment?«

»Stillsitzen. Tranquille.«

Sie faltete die Hände auf dem Schoß und blieb mit einem Ausdruck gemarterter Ergebung stillsitzen, wobei sie nicht abließ, mich argwöhnisch aus den Augenwinkeln zu beobachten.

Ich faßte ihr Ohrläppchen zwischen Daumen und Zeigefinger und zog es ein wenig nach hinten, um den Ohrenspiegel einführen zu können. Während ich dies tat, stieß sie einen gellenden Schrei aus und danach ein Wort, das selbst mir mit meinem bescheidenen Sprachschatz alles andere als schmeichelhaft klang, und wich mir aus, indem sie auf den danebenstehenden Stuhl rückte.

»Pas là. Là«, sagte sie und sah mich nun entschieden bösartig und wutentbrannt an. Dabei zeigte sie auf eine Stelle unterhalb ihres Ohres, wo ich nun eine unverkennbare Schwellung wahrnahm.

Vorsichtig näherte ich mich ihr wieder und befühlte mit feenhaft zarten Fingern den Knoten.

»Ouvrez la bouche.«

Sie öffnete die Lippen.

»Plus!« beschwor ich sie.

Sie suchte sich wiederum zu wehren und schimpfte jetzt mit offensichtlicher Anstrengung. Alles, was ich herauszuhören vermochte, war etwas wie »Notre Dame«, und dieser Zusammenhang war mir unklar.

Wieder auf meinem Schreibtischstuhl, kündigte ich ihr an:

»Mademoiselle, vous avez les oreillers.«

»Comment?«

»Les oreillers.«

Ich fühlte einen gewissen Stolz, denn wenn es ein französisches Wort gab, dessen ich mich aus meiner Schulzeit entsann, dann war das die Bezeichnung für »Mumps«. Auch Masern, Keuchhusten und Gicht konnte ich übersetzen.

Endlich schien die Münze im Automaten herabgefallen zu sein. Mademoiselle Duvert begann unbeherrscht zu kichern und einmal ums andere so etwas wie »oreillers« zu brummeln. Was ihr so belustigend an einem Mumps vorkam, vermochte ich nicht zu enträtseln – doch die Zeit verstrich, und ich wollte gern mit meiner Sprechstunde vorankommen.

Es gelang mir, herauszufinden, wo sie beschäftigt war, und so sagte ich ihr, daß ich ihrer Dame telefonisch die nötigen Erklärungen darüber geben wolle, was sie zu tun hätte.

Das Gesicht halb von Lachen, halb von Tränen, die ihre Wimpernbemalung bedrohten, zuckend, erhob sich Mariette.

»Au revoir, Docteur«, brachte sie gerade noch mühsam hervor, dann unterlag sie wiederum einem hoffnungslosen Lachkrampf.

Ich drückte auf den Knopf meines Schaltbretts und war buchstäblich erleichtert, einen vernünftigen Menschen wie Mrs. Sweeney eintreten zu sehen. Zugleich fiel mir ein, daß sie Lehrerin sei.

»Ach, Mrs. Sweeney«, sagte ich daher so beiläufig wie möglich, »wissen Sie vielleicht, was ›Mumps‹ auf Französisch heißt?«

»Mumps? O ja – les oreillons.«

»Oreillons?«

»Jawohl.«

»Was bedeutet aber dann um Himmels willen ›oreillers‹?«

»Bettkissen«, belehrte mich Mrs. Sweeney – und nun verzieh ich Mademoiselle Duvert ihre Heiterkeit . . .

Allmittäglich nach dem Lunch, wenn ich nicht gerade mit Loveday Golf spielte oder mich der Besuchsrunde im Bezirksspital anschloß, suchte ich ein paar Stunden für die Buchhaltung meiner Praxis zu erübrigen. Das war während der Sommermonate ganz gut gegangen, weil ich imstande gewesen war, die Mehrzahl meiner Hausbesuche am Morgen zu erledigen und nach Tisch nie etwas Besonderes zu tun hatte. In den letzten paar Wochen aber fand ich täglich eine wachsende Anzahl von Besuchen auf meiner Liste, und meine freien Frühnachmittagsstunden hatten sich fast gänzlich verflüchtigt. Das komplizierte die Sache sehr, und das Durcheinander auf meinen Kartothekschränken wurde nachgerade erschreckend. Arztberichte, Notizen über Patienten im Krankenhaus, malerische pharmazeutische Reklamen und ungelesene medizinische Zeitschriften häuften sich und fingen an, die Hinterwand zu bedecken. Ich trat in die Fußstapfen meines Vorgängers und schämte mich vor mir selbst, weil ich so abfällig über ihn geurteilt hatte. Kein Wunder, daß Mrs. Little sich beklagte, sie könne nicht abstauben, wenn all das Zeug da herumliege.

Die Praxis im Rahmen des Nationalen Gesundheitsdienstes erforderte den dauernden Gebrauch zahlloser Formulare, die mir ewig zur ungeeignetsten Zeit ausgingen. Es wurde von mir verlangt, daß ich einen Vorrat an Rezeptblocks, Krankenkassenzetteln (Nr. 1, 2 und 3), ferner Aufnahmeformulare, Briefumschläge für offizielle Berichte, für Mutterschaftsfürsorge, Augenprüfungen und anderes mehr stets zur Hand hatte, ganz zu schweigen von solchen für Krankheiten mit Anzeigepflicht, Todesbescheinigungen usw. Außerdem verfügte ich über eine ganze Reihe weniger wichtiger Vordrucke, deren Vorhandensein ich meist nicht beachtete, zum Ärger der Buchhalterinnen im Büro des Gesundheitsamtes.

Meine Nachmittagsarbeit war, milde ausgedrückt, langweilig und meinem Temperament unangemessen. Besonders das Einordnen all der Formulare war mir verhaßt. Nachdem ich heute wieder ein halbes Dutzend Briefe abgelegt hatte, was dem Stapel kaum anzumerken war, einige Anmeldungen abgeschickt, Briefpapier bestellt und die Reste des alten frisch geschichtet hatte, kam ich zu der Überzeugung, daß ich eine Halbtagssekretärin brauchte. Je länger ich mir die Sache überlegte, desto einleuchtender erschien sie mir. So setzte ich mich hin und verfaßte eine Annonce für die Stellenangebote unseres Lokalblättchens. »Arzt sucht Sekretärin für mehrere Nachmittage wöchentlich.« Bisher war mir der Gedanke an eine solche Hilfe nie gekommen. Jetzt erschien sie mir plötzlich als unumgänglich notwendig. Ich konnte kaum die Antworten auf mein Inserat erwarten.

Ich beschloß, die erledigten Schriftstücke liegenzulassen, bis die neue Kraft da sein würde, und überflog die seither eingegangene Korrespondenz. Da waren zwei Bitten um Beiträge für wohltätige Zwecke, das Resultat eines Schwangerschaftstests, eine goldgeränderte Karte mit der Ankündigung, daß Michael Reed in der nächsten Woche seine Herbstkollektion zeigen werde. Das bedeutete, daß Sylvia als Mannequin auftrat. Seine guterzogenen Verkäuferinnen sandten mir noch immer Einladungen zu allen Modeschauen, bei denen sie mitmachte; ich hätte gern gewußt, ob sie ihnen nicht sagen würde, es sei nicht mehr nötig! In der letzten Zeit hatte mir meine Grobheit gegen Sylvia bei ihrem Teebesuch ziemlich schwer auf dem Herzen gelegen, und ich wollte soeben die Einladung zerreißen, als ich gewahrte, daß die Schau an meinem freien Nachmittag stattfand. Sofort beschloß ich, Wilfred hin oder her, hinzugehen. Es war wohl unwahrscheinlich, daß er dort erscheinen würde, und so hätte ich vielleicht die Chance, Sylvia nachher zum Tee mitzunehmen und sie um Entschuldigung zu bitten.

Liebe und Medizin waren sonderbare Gesellen. Solange ich an der Arbeit war, mußte ich mich stets angespannt konzentrieren, und doch glaube ich nicht, daß mir Sylvia je mehr als auf wenige Stunden aus dem Sinn kam. Wenn ich überhaupt an Wilfred dachte, redete ich mir ein, daß es ihn einfach nicht gebe; sonst brachte ich es meist fertig, ihn ganz und gar zu vergessen. Wenn ich in den Häusern meiner Patienten, wie es öfters vorkam, glücklichen Brautleuten begegnete, erinnerten sie mich an Sylvia und mich. Führte mich mein Weg zu jungen Ehepaaren, dann dachte ich an das Fehlschlagen meiner eigenen Hoffnungen. Hörte ich von einer Ehe, die auseinanderzugehen drohte, dann fühlte ich den Drang, den Beteiligten zu zeigen, daß und auf welche Weise sie zusammenbleiben könnten. Nur eines tat mir not: Sylvia.

Ich legte die Einladung in meinen Terminkalender und machte mich auf den Weg zum Annoncenbüro, um mein Gesuch nach einer Sekretärin aufzugeben.

Auf der Fahrt zur Modeschau dachte ich, daß selbst Wilfred Pankrest nicht besser abschneiden könnte als ich in meinem neuen Anzug. Ich blickte in den Vorderspiegel, konnte aber nicht mehr von mir sehen als meinen makellos weißen, steifen Kragen und den Knoten meiner gestreiften Krawatte. Der zweite meiner neuen Anzüge, den Sylvia noch nicht zu Gesicht bekommen hatte, war, wie Mrs. Little mir versichert hatte, »richtig vornehm«, und meine perlgraue Weste wäre bestimmt sogar eines Pankrest würdig gewesen. Neben mir auf dem Sitz lag mein weicher Filzhut nebst den teuren schweinsledernen Handschuhen, und ich wünschte, es säße jemand neben mir, um meine Freude daran zu teilen. Leise schmunzelnd gedachte ich des ersten Mals, da ich Sylvia nach einer Modeschau abgeholt hatte. In meiner freudigen Erwartung war ich bereits um vier Uhr vor dem eleganten Haus im Londoner Westend angekommen, an dessen Eingang ich Sylvia nach ihrer Weisung um halb fünf erwarten sollte, und hatte mir, an das schmiedeeiserne Geländer gelehnt, eine Zigarette angesteckt, damit die Zeit etwas schneller vergehe.

Es mochte fünf Minuten gedauert haben, ehe ich gewahrte, daß ich beobachtet wurde. Ein baumlanger Portier in weinroter Uniform mit galonierten Epauletten wiegte sich mit hinter dem Rükken verschränkten, weißbehandschuhten Händen auf den Absätzen hin und her und musterte mich aufmerksam. Von den weißgetünchten Stufen seines Reiches herab mühte er sich offenbar, meine soziale Stellung einzuschätzen. Da ich mir meiner traurig verbeulten Flanellhose und meiner braunen Sportjacke bewußt war, deren einzig noch übriger Vorzug darin bestand, daß sie bequem war, hatte ich volles Verständnis für sein Dilemma.

»Guten Tag«, sagte ich entgegenkommend.

»Tag.« Seine Augen überliefen mich wiederum eingehend, dann entschloß er sich, ohne rechte Überzeugung hinzuzusetzen: »Sir.«

Wir erörterten in der Folge das Wetter, das Londoner Verkehrsproblem, die jüngsten Erfolge unserer Fußballmannschaften. Er erzählte mir von seiner auf Abwege geratenen Frau, seinem Gesichtergedächtnis (auf dem seine berufliche Tüchtigkeit beruhte) und der Lunge, die er im Krieg verloren hatte, doch entging mir nicht, daß er in bezug auf mich noch immer beunruhigt war. Seine blauen Augen sagten: Warum arbeitet der Kerl denn an einem Dienstagnachmittag nicht? Was will er da am Haupteingang eines feinen Modehauses? Warum macht er nicht, daß er weiterkommt?

Als es auf halb fünf Uhr zuging, wurde er sichtlich unruhiger. Es konnte ihn seine Stellung kosten, wenn er so einen zweifelhaften Burschen am Eingang herumlungern ließ, während der Adel aus den Salons kam, und wenn er dann nach Taxis zu springen und die Türen der noblen Limousinen aufzureißen hatte, mußte er mich ja notgedrungen aus den Augen lassen.

Fünf Minuten vor halb konnte er es nicht länger aushalten.

»Sind Sie . . . äh . . . warten Sie auf jemand?«

»Ganz richtig.« Ich kam ihm nicht zu Hilfe und ließ ihn ruhig auf meine komischen Schnürsenkel starren. Am Morgen war mir der eine gerissen, und ich hatte mir Ersatz aus einem Paar von Faradays Schuhen geborgt, die in seiner Stube herumlagen.

»Auf jemanden von hier aus dem Haus?« forschte er weiter und wies mit zurückgewandtem Daumen auf seine Festung.

»Ja.« Es war jetzt eine Minute vor halb, und ein Beifallsklatschen aus einem der oberen Fenster zeigte an, daß die Modeschau zu Ende war.

»Die Angestellten kommen zur Seitentür 'raus«, sagte er etwas unsicher.

»Und die Mannequins?«

Er sah erleichtert, aber ungläubig aus. »Ah – die Mannequins! Die – hier!«

Er blickte auf die Uhr. »Geht noch zehn Minuten. Müssen sich ja erst noch zurechtmachen.«

Er schwang sich scharf herum, als klappernde Absätze und Brokken von Gesprächen im Treppenhaus erschollen.

»Aber fandest du seine Tweedkostüme nicht wunderbar, Darling?«

»Alles war geradezu fabelhaft. Michael hat sich selbst übertroffen. Ich denke, ich werde all meine Sachen bei ihm bestellen.«

»Es regnet doch nicht, oder?«

»Nein, Darling.«

»Taxi, Madame?«

Mein Freund verbeugte sich von den Schultern aus.

Jetzt war ihm die ganze Meute auf den Fersen.

»Taxi, John.«

»John, wo hat Pond den Wagen geparkt? Ach, da sind Sie ja, Pond.«

»War das Brautkleid nicht himmlisch?«

»Meine Gute, wenn man so eine Taille hat . . .«

Pelze, tadellose Anzüge und eine wahre Flut von Parfüm. Noch nie hatte ich so etwas gesehen. Ich wurde an meinem Eisengitter fast zerquetscht von den Anstürmenden, die nichts außer sich selbst sahen und nichts dachten, als wie sie sich wohl in einer von Michael Reeds Kreationen ausnehmen würden. Als John sie alle in verschiedene Richtungen expediert hatte und die Straße wieder einigermaßen ruhig war, holte er tief Atem und nahm seine goldbelitzte Kappe ab, um sich den Schweiß von der Stirn zu wischen.

»Jetzt kommen die jungen Damen gleich 'raus«, sagte er. »Sie warten wohl auf Miss Claire?«

»Nein.«

»Miss Joanna?«

»Nein.«

»Miss Gay?«

»Nein.«

Er warf mir einen langen Blick zu. »Doch nicht etwa auf Miss Sylvia?«

»Ja, tatsächlich.«

An dem neuerscheinenden Respekt in seinen Augen erkannte ich, daß Sylvia wirklich die Krönung des Ganzen war.

»Na, jetzt wird sie sicher nicht mehr lange auf sich warten lassen, Sir«, sagte er und konnte es nicht lassen, hinzuzusetzen: »Ich hätte wirklich nie gedacht, daß Sie wegen Miss Sylvia da wär'n.«

Sylvia war die erste, die herauskam. Die Augen auf die Eingangsschwelle geheftet, erkannte ich ihre tadellos sitzenden schwarzen Wildlederschuhe mit den unmöglich hohen Absätzen und ihre feinen Fußgelenke, ehe sie die paar Stufen herab war. Sie hielt eines jener kleinen Lederkästchen in der Hand, deren Zweck mir immer so rätselhaft erschienen war, und sah, wie nicht anders zu erwarten, schlechthin vollkommen aus.

John grüßte sie mit breitem Lächeln, das sie erwiderte; dann schritt sie, ihres engen Rockes eingedenk, vorsichtig und graziös die Stufen hinab.

»Ach Lieber«, sagte sie, »ich hab' dich warten lassen.«

Ich nahm ihren Arm, und zusammen setzten wir uns, von dem immer noch ungläubig dreinschauenden John beobachtet, in der Richtung auf Bond Street in Bewegung.

Das war der Nachmittag, an dem ich Sylvia sagte, daß ich sie liebe. Es geschah in einem Tea-Room, an dessen Wand eine sternförmige Uhr hing.

Sie ließ ihre papierdünnen Tomatenbrötchen unberührt und hörte sich an, was ich ihr über meine Empfindungen zu sagen hatte. Als ich am Schluß angelangt war, fragte ich sie:

»Was meinst du zu alledem?«

Ich weiß noch, welche Ewigkeit es mir zu dauern schien, bis ihre Antwort kam. Sie sah mir geradewegs in die Augen, und ehe sie noch ein Wort äußerte, spürte ich die Liebe, die aus ihrem Blick in meine Seele floß.

»Ich liebe dich wirklich«, sagte sie endlich, und ich erlebte den glücklichsten und stolzesten Augenblick meines Lebens.

Wohl hatte ich schon andere junge Mädchen gekannt und hätte jedesmal schwören mögen, daß dies die Liebe sei. Allein ein Mensch wie Sylvia war mir noch nie begegnet. Wir pflegten manchmal zufrieden zu lachen, wenn wir uns klarmachten, wie vollkommen wir zueinander paßten. Wir dachten dieselben Gedanken, setzten zur selben Zeit zu denselben Worten an, durchlebten die gleichen Momente des Schweigens und eifrigen Redens in reinster Harmonie.

Ich hupte ungeduldig wegen des Vorderwagens, obwohl wir beide machtlos in einer Verkehrsstockung festsaßen, und schimpfte, einfach um mir Luft zu machen, auf das unschuldige Auto ein:

»Zum Teufel mit diesem Pankrest! Zur Hölle soll er fahren!«

John winkte mich in das letzte kostbare Parkeckchen vor der Maison Michael Reed und machte mir die Wagentür auf.

»Tag, Herr Doktor«, sagte er, und ich las männliches Mitgefühl in seiner Miene. »Hab' Sie ja 'n ganzes Weilchen nicht gesehen.«

Ich murmelte etwas über »viel zu tun« und lief rasch die Stufen hinauf. Mit dem deutlichen Gefühl seines gekränkten Blickes im Rücken entsann ich mich, daß ich verabsäumt hatte, mich nach seinem Magengeschwür zu erkundigen.

Oben im Salon hatte die übliche Gesellschaft bereits Platz genommen. Die schweren Anzüge, die Pelzstolen, die langen Zigarettenhalter und die lustigen kleinen Hüte, die mich einst in einen ängstlichen Zustand verlegenen Schweigens versetzt hatten, machten mir heute nicht den geringsten Eindruck mehr. Da saßen sie mit gezückten Bleistiften und aufgeschlagenen Katalogen, schwatzten, begrüßten einander überschwenglich und bereiteten sich vor, der vor ihnen liegenden todernsten Aufgabe – der Wahl der neuen Wintergarderobe – ihre volle Aufmerksamkeit zu schenken.

»Haben Sie eine Einladungskarte, Sir?«

Ich blickte Yvette an, die mir in der Regel hinter einer großen

Topfpalme, wo mich niemand sehen konnte, ein winziges Eckchen freizumachen verstand.

»Oh, Sie sind es«, sagte sie. »Ich hab' Sie gar nicht erkannt.«

»Sylvia weiß nicht, daß ich hier bin. Sagen Sie's ihr bitte nicht, Yvette – sei'n Sie kein Spielverderber.«

»Oh!« machte sie enttäuscht. »Sicher wüßte sie es aber doch gern.«

»Ich überrasche sie hinterher.«

»Gut. Schau'n Sie«, und sie faßte mich beim Arm, »Sie können dort auf dem Stuhl in der zweiten Reihe sitzen. Lady Harding hat eben telefoniert, daß sie nicht kommen kann.«

Der unerwarteten Beförderung entnahm ich, daß mein neuer, respektabel aussehender Anzug die gewünschte Wirkung hervorrief – jedenfalls auf Yvette.

»Könnte ich nicht hinter der Palme sitzen?«

»Wenn Sie durchaus wollen.«

»Ja, ich möchte.«

Zwei breitschultrige, grauhaarige Frauen stürzten sich auf Yvette.

»Wo sind unsere Plätze, Yvette? So ein furchtbarer Verkehr – wir dachten schon, wir kämen zu spät.«

Yvette blinzelte mir zu. »Wiedersehen nachher«, sagte sie und kehrte zu ihren Obliegenheiten zurück.

»Ja, Mrs. Anstruther-Wright, ich habe Ihnen hier drüben zwei reserviert. Bitte folgen Sie mir.«

Hinter meiner Palme wartete ich ungeduldig, bis ich Sylvia zu sehen bekommen würde. Überall waren Blumen, und die üblichen Telegramme mit den üblichen guten Wünschen schmückten den Kaminsims; eine Verkäuferin machte die Runde und bot Zigaretten an; ein paar Frauen in meiner Nähe erörterten die Gallenblasenoperation, der sich eine von ihnen kürzlich hatte unterziehen müssen.

»›Lady Hawkins‹, sagte er nachher zu mir, ›Ihr Fall war äußerst interessant und ungewöhnlich. Ich muß Ihnen danken, daß Sie mir gestatteten, den Eingriff vorzunehmen.‹«

»Genauso ging es mir, als Dr. Hordon mir die Eierstöcke herausnahm«, ließ sich ihre Freundin vernehmen, um sie womöglich zu übertrumpfen.

»Allerdings muß ich noch immer ganz furchtbar vorsichtig sein!«

Die Conférencière, in schwarzem Kleid mit hell-lila Orchideen über dem Busen, rief die Anwesenden in liebenswürdig-strengem Ton zur Sache.

»Longchamps«, kündigte sie an, und der Vorhang teilte sich, um Joanna in einem smaragdfarbenen Tweedkostüm hervortänzeln zu lassen.

Ungeduldig wartete ich, während Gay »Amie« zeigte, Claire »Contessa« und ein neues, mir noch unbekanntes Mannequin »Herbstmorgen«.

»Fiona« erscholl es danach. Dies war ein Tageskleid aus mandarinfarbener Wolle, und in ihm steckte Sylvia. Sie sah mich nicht, und ich folgte ihr mit den Blicken, während sie mit der vollendeten Grazie, deren nur sie fähig war, ihre Aufgabe erfüllte. Durch die undefinierbare Verschmelzung mit den Toiletten, die sie vorführte, war sie an die Spitze sämtlicher Mannequins gelangt. Sie sah aus, als trete sie ganz einfach in einem ihrer eigenen Kleider auf, statt den Zuschauern ein neues Modell zu präsentieren, und diese trügerische Selbstverständlichkeit war der Grund, warum die Damen sich stets um das, was sie trug, rissen. Ich konnte mir nie ein Lachen verbeißen, wenn ich bemerkte, wie die starken, breitschultrigen Frauen in ihren Katalogen jedesmal Sylvias Nummern anstrichen. War es menschenmöglich, daß sie sich einbildeten, sie selbst könnten in solch einem Kleid auch nur annähernd so aussehen wie Sylvia? Doch Sylvia vollbrachte das Wunder, daß sie es wirklich glaubten, und das war für die Modezeichner ja das Ausschlaggebende. Sylvia konnte darum auch ihre Preise selber machen. Ein weiteres Merkmal ihrer Modevorführungen war, daß sie stets lächelte. Da gab es nichts von der steif-obligaten, zudringlichen Art der meisten anderen Mannequins! Sylvia wählte sich ihre Kundinnen unparteiisch aus und beglückte sie mit einem warm strahlenden Gesicht.

Es genügte mir, ruhig dazusitzen und sie zu beobachten. Sie zeigte »Apéritif«, »Cordon Bleu« und »Ritz-Bar«. Eben war sie durch den Vorhang entschwunden, um sich eines enganliegenden schwarzen Kleides namens »Après-Midi« zu entledigen, als ich zufällig nach der Tür blickte und mir damit meinen Nachmittag verdarb. An einem der Marmorpfeiler lehnte, den goldenen Zigarettenhalter im Mundwinkel und ein Monokel im Auge, der ekelhafte Wilfred. Er stand mit gekreuzten Armen in einer so nonchalanten Pose da, als gehöre ihm der ganze Modesalon. Ich konnte nur hoffen, der Pfeiler werde umstürzen und ihn erschlagen.

Statt Sylvia weiter zu beobachten, beobachtete ich nun Wilfred, wie er Sylvia beobachtete. Ich mußte zugeben, daß es ihn erwischt hatte! Sobald sie auftrat, richtete er sich auf, nahm die Zigarette aus dem Mund und gaffte bloß noch. Es war, als habe er den Schock ihres Jaworts noch immer nicht überwunden. Das mußte ihn auch wohl jedesmal, wenn er in den Spiegel sah, in immer zunehmendem Maße erstaunen. Die Modeschau ging weiter, aber mir war alle Freude daran verflogen. Meine Chancen, sie nachher zum Tee mitzunehmen und sie um Verzeihung zu bitten, waren mit Wilfreds Erscheinen verflogen. Was für ein Trottel ich war, daß ich annehmen konnte, der erbärmliche Wicht würde sich von der Veranstaltung fernhalten!

Vor der letzten Vorführung, dem Höhepunkt der Schau, war eine Pause. Selbstredend war es Sylvia, die erschien. Es war fast mehr, als ich zu ertragen vermochte: Sylvia im vollen Hochzeitsstaat! Sie wurde mit stürmischem Beifall akklamiert, und ich hätte sie küssen mögen. Wilfred trug eine selbstgefällige Miene zur Schau, und ich versagte es mir, den zwischen den beiden ausgetauschten Blick zur Kenntnis zu nehmen. Sie schwebte ganz nahe an mir vorbei, und das schaumzarte weiße Gewebe, aus dem das Kleid bestand, raschelte sanft bei ihren Bewegungen. Ich verkroch mich tiefer hinter meine Palme. Sie kehrte um, und die Schleppe rauschte in weichen Falten hinter ihr drein. Indem sie den blonden Kopf zurückwarf und das Brautbukett mit ihrer eleganten Hand leicht an sich drückte, glitt sie durch den Vorhang. Ich mußte fort. Und das geschwind! Es gelang mir, zwischen den Gruppen der Zuschauerinnen, die jetzt aufgestanden waren, hindurchzuschlüpfen und mit abgewandtem Kopf an dem müßig wartenden Wilfred vorbeizukommen, wobei ich mich zusammennehmen mußte, um ihm nicht sein Monokel aus dem Fischauge zu schlagen. Zwei Stufen auf einmal nehmend, rannte ich die Treppe hinab.

»Ach, Herr Doktor, ich wollte Sie gern noch wegen meinem Geschwür ...« begann John, während er mir die Wagentür offenhielt.

»Tut mir leid, mein Guter. Jetzt ganz unmöglich. Ich muß zu einer dringenden Operation.«

John schien beeindruckt.

»Ich werd' Ihnen durchhelfen, Herr Doktor.« Gebieterisch hielt er den Verkehr für den »großen Chirurgen« auf, und da noch Sperrstunde für alkoholische Getränke war, beschloß ich, die Heimfahrt an einer Kaffeebar zu unterbrechen.

Die Kaffeebar war nicht das Richtige. Ich kam mir vor, als sei ich hundert Jahre alt. In meinen feingestreiften Hosen, meiner perlgrauen Weste und dem gestärkten Kragen war ich entschieden fehl am Platze. Niedergeschlagen ließ ich mich auf einem Eckhokker nieder und sah mir im Spiegel an, was auch ich einmal – es schien nicht lange her – gewesen war. Außer mir war offenbar niemand da, der älter als achtzehn war. Da saßen die jungen Menschen herum, aßen Tortillas und tranken Kaffee und unterhielten sich über Bronzeguß und das gestrige Konzert in der Festivalhalle. Alle schienen einander zu kennen und begrüßten jeden neuen Ankömmling freundschaftlich. Kein einziger hatte einen Schlips oder Socken an, und ich möchte bezweifeln, ob ein einziger seit Monaten beim Coiffeur gewesen war. Während ich sie mir betrachtete, trauerte ich seufzend meiner entschwundenen Jugend nach, als das Leben noch sorglos verlief und allein schon die um die Stuhlbeine gewundenen Füße ein Gefühl von Romantik vermittelten. Selbst der Jüngling, welcher die zischende Kaffeemaschine bediente, und die gänzlich schürzenlose Kellnerin mit dem prallsitzenden Sweater und dem affektierten Akzent einer Cambridger Studentin tauschten zwischen den Bestellungen rasch einen Kuß aus. Ich blieb nur so lange, wie ich brauchte, um meinen Kaffee hinabzuschütten, und schloß mich dann wieder der Schlange der Arbeitssklaven an, die stoß- und ruckweise durch das Verkehrsgewimmel aus der Stadt in ihre Vorstadtquartiere zurückfuhren. Man kam langsam vorwärts, und als ich endlich daheim anlangte, fühlte ich mich elend und zu allem unlustig. So frohgemut ich dem Nachmittag entgegengesehen, so trostlos war mir jetzt zumute. Ich fuhr an meinem eigenen Haus vorbei und läutete, als ich im Wohnzimmer Licht sah, an Mrs. Humes Haustür.

ACHTZEHNTES KAPITEL

Mutter, ein Ausbruch von Masern und die ersten zugigen Böen des herannahenden Winters trafen gleichzeitig ein. Vom Augenblick ihrer Ankunft am Freitagabend bis zu ihrer Abreise am Montagmorgen hörte das Telefon nicht zu läuten und der Wind nicht unter den Türen und durch die schlecht schließenden Fenster hereinzublasen auf. Nicht, daß Mutter das eine oder das andere etwas ausgemacht hätte. Das Telefon beantwortete sie höflich und gelassen, sooft es ertönte, und dazwischen wanderte sie methodisch durch das ganze Haus und verstopfte die Ritzen in den Fensterrahmen mit Wattesträhnen. Mutter war nie umzubringen gewesen, und von frühester Jugend an konnte ich mich keiner Gelegenheit entsinnen, bei der irgend etwas sie derart aufgeregt hatte, daß es mir aufgefallen wäre. Stets war es in unserem Hause – ob bewußt oder unbewußt, wüßte ich nicht zu sagen – die Mutter gewesen, die im Hintergrund waltete. Stets hatten Vater und ich eine Einheit gebildet, während Mutter als eine Art zweiter Verteidigungslinie Dienst tat. Soviel ich wußte, war es ihr immer eine Freude gewesen, Vater und mich selbander abziehen zu sehen, und immer stand sie mit lächelndem Gesicht bereit, uns wieder daheim willkommen zu heißen. Zwischen ihr und Vater schien eine starke Zufriedenheit zu herrschen, die, zum mindesten auf Mutters Seite, auf völliges Verstehen gegründet war. Nie hörten wir ein nörgelndes »Wo seid ihr bloß so lange geblieben? Das ganze Essen ist mir angebrannt«, sondern stets nur ein freundliches »Ich konnte mir gar nicht denken, wo ihr geblieben wärt«. Mutter wurde nie böse, wenn wir mit schmutzigen Schuhen in die teppichbelegte Diele kamen, ein halbfertiges Meccanomodell auf dem Eßtisch liegen hatten, wenn er gedeckt werden sollte, oder den Küchentisch zum Sezieren von Fröschen benutzten. Nur eines konnte sie wirklich ärgerlich machen: wenn ich absichtlich oder unabsichtlich etwas tat, was Vater aufregte oder kränkte. Solange er froh war, war sie zufrieden. In Gegensatz zu vielen anderen Müttern waren Haus und Familie ihr alles. An heutigen Maßstäben gemessen, führte sie vermutlich ein langweiliges Dasein, allein sie schuf uns dadurch ein glückliches Heim und eine enge häusliche Gemeinschaft.

Als Vater starb, lag ich manche Nacht wach und dachte darüber nach, was aus Mutter werden würde. Nun, da der Vater nicht mehr war und ich nur noch kurze Zeit im Hause bleiben würde, mußte ihr die Zeit unerträglich lang werden. Doch ich hätte mich nicht zu sorgen brauchen. Offenbar kannte ich Mutter nicht so gut, wie ich gedacht hatte.

»Sobald ich aus diesem Haus herauskommen kann«, sagte sie eine Woche nach dem Begräbnis, »werde ich mich schon aufrappeln. Aber solange ich auf der Rückenlehne den Eindruck seines Kopfes sehe und immer glaube, die Tür braucht bloß aufzugehen, um ihn einzulassen, kann ich sicher nie etwas anderes tun als weinen.«

Zusammen entdeckten wir ein nettes Häuschen in Frinton und einen großen, eigentümlichen Hund zu Mutters Gesellschaft. Mutter behielt Vaters Auto und nahm Fahrstunden, und seine Golfstöcke und nahm Golfstunden; sie freundete sich mit ihren neuen Nachbarn an und gewöhnte sich rasch an ihr verändertes Leben. Weit davon entfernt, sich von ihrem Witwenstand und den vor ihr liegenden langen, freudlosen Jahren niederdrücken zu lassen, schien sie vielmehr aufzublühen. Sie besorgte das Haus ganz allein und setzte ihren Stolz in die Pflege ihres Gärtchens. Gar manchesmal ertappte ich sie dabei, wie sie hoch oben auf dem Birnbaum saß und die obersten Früchte beschaute, oder ich fand sie auf Händen und Knien beim Streichen eines Fußbodens. Ein Fremder könnte womöglich gedacht haben, daß sie Vater vergessen hätte, ich jedoch wußte, daß sie nur das Beste aus ihrem neuen Leben herausholte, ohne ihn je aus dem Herzen zu verlieren.

Das einzige, woran Mutter sich nie ganz gewöhnen konnte, war der Umstand, daß ich, ihr kleiner Junge, nun ein Arzt war. Noch immer fand sie, daß es eigentlich nicht »ganz anständig« sei, soviel über den Körper anderer Leute zu wissen, zumal wenn es Frauen waren, und stets wandte sie den Kopf ab beim Anblick der sie nicht ganz fein dünkenden Illustrationen der Lehrbücher, die allenthalben herumlagen.

Am Freitagabend erwartete Mrs. Little gestiefelt und gespornt Mutters Ankunft, um ihr noch rasch zu zeigen, wo alles zu finden sei. Ich traf sie in der Küche beisammen: Mutter, die etwa halb so groß war wie Mrs. Little, hörte gespannt zu und zog am Gürtel ihres Kleides, wie sie zu tun pflegte, wenn etwas sie beschäftigte.

»Wo haben Sie den Zimt und die anderen Gewürze stehen?« erkundigte sie sich, und ich wußte, daß Mutter eine ihrer Apfelpasteten im Sinn hatte.

Mrs. Little sah Mutter an, als sei diese nicht recht bei Trost.

»So was hab' ich nie gebraucht«, erwiderte sie, »aber ich hab' das Nachtessen für heut' fertig gemacht, damit Sie für abends nichts zu tun haben. Es steht auch 'ne offene Büchse Bohnen da, und in der Speisekammer ein Mondaminpudding.«

Vor lauter Angst, Mutters Blick zu begegnen, machte ich mir an einem tropfenden Hahn zu schaffen, den Hodge schon seit drei Wochen hatte ausbessern wollen.

»Das ist ja ganz ausgezeichnet«, hörte ich Mutter sagen. »Ich denke, ich werde jetzt schon alles finden, falls Sie gehen möchten. Sie wollen doch gewiß nicht zu spät zum Zug kommen, oder?«

Mrs. Little sah Mutter argwöhnisch an, doch auf Mutters Gesicht lag das Lächeln eines Engels.

»Eine schreckliche Person ist das!« explodierte sie, nachdem Mrs. Little abgezogen war. »Wovon hast du nur die ganze Zeit gelebt? Sicher von weißen Bohnen aus der Büchse, wenn mich nicht alles trügt!«

»Und Hackfleisch ...« begann ich, eine Lanze für Mrs. Little zu brechen.

Doch Mutter war schon dabei, die Ärmel aufzurollen. Den Inhalt der offenen Dose mit weißen Bohnen hatte sie in den Eimer mit Schweinefutter geworfen.

Als ich aus der Sprechstunde kam, die eine Stunde länger als gewöhnlich gedauert hatte, fand ich einen gedeckten Tisch vor, der wie das Vorspiel zu einer spannenden Mahlzeit aussah. Mutter stand, wie ich sogleich feststellte, äußerst verlegen daneben.

»Es ist ein Anruf gekommen, mein Junge«, sagte sie, indem sie die Servietten nahm und anders faltete, um mir nicht ins Auge sehen zu müssen. »Die Gemeindeschwester läßt fragen, ob du gleich nach der Sprechstunde rasch zu Mrs. Blake 'rüberkommen könntest, sie läge seit heute früh in Wehen und käme nicht recht voran. Die Schwester sagte, ich möchte dir berichten ...« Mutter holte tief Atem und blieb dann stumm ...

Ich gab meiner verlegenen Mutter einen Kuß auf die Stirn und sagte ihr, ich sei im Bilde und würde so rasch wie möglich wieder zurück sein, worauf ich mich auf den Weg zu Mrs. Blake machte. Es war jedoch über neun Uhr, als ich heimkam, und Mutter, deren Essen inzwischen verdorben war, begrüßte mich mit den Worten, sie könne es Mrs. Little nicht verdenken, wenn sie mir weiße Bohnen vorsetze.

Am Samstagmorgen war ich soeben dem Bade entstiegen und schmetterte mit feuriger Leidenschaft das Lied des Toreadors aus Carmen, als ich Mutter etwas die Treppe hinaufrufen hörte. Durch die halbgeöffnete Türe fragte ich:

»Wolltest du mir etwas sagen?«

»Ja, mein Junge«, antwortete Mutters Stimme. »Was soll ich mit der Post machen?«

»Leg sie bitte auf den Tisch. Ich lese sie beim Frühstück.«

Nach einer langen Pause sagte Mutter: »Wie, das ganze Zeug?«

»Ja, bitte, Ma!« (Sie konnte es nicht leiden, wenn ich sie so nannte, aber manchmal tat ich es mit Absicht, um sie zu ärgern.)

Der köstliche Duft, der von der Küche zu mir heraufstieg, trieb mich zur Eile an. Ich sang meine Arie zu Ende, bestäubte das ganze Badezimmer frisch und fröhlich mit Talkpuder und kleidete mich doppelt so schnell wie gewöhnlich an.

In der Tür des Frühstückszimmers blieb ich mit offenem Munde stehen. In Häufchen von zehn und zwanzig aufgestapelt, lagen auf dem davon fast völlig bedeckten Tischtuch wohl an die hundert Briefe.

»Du hast gesagt, ich solle alles auf den Tisch legen, mein Junge«, sagte Mutter hinter mir. »Sag mal, bekommst du immer so viele Briefe?«

Unfähig, diese Frage zu beantworten, griff ich nach dem ersten besten Umschlag und öffnete ihn. Da ging mir ein Licht auf; ich erinnerte mich meines Inserats wegen einer Sekretärin. Offenbar war mein Gebet erhört worden. Ich machte, damit Mutter und ich frühstücken konnten, ein bißchen Platz auf dem Tische frei, indem ich die Briefe kurzerhand auf den Boden fegte, so daß wir nach Farbe des Umschlags, Handschrift und Gutdünken einige herausfischen und während des Frühstücks lesen konnten. Manche der Anwärterinnen hatten noch nie als Sekretärin gearbeitet, waren aber überzeugt, daß sie sich rasch einarbeiten würden; andere wollten wissen, ob es möglich sei, ihre Kinder mitzubringen; eine hatte den Patienten des königlichen Hofarztes vor dreißig Jahren die Türe geöffnet und nahm daher an, daß sie mit Ärzten umzugehen verstehe; und die meisten verlangten übertriebene Gehälter. Ein paar behaupteten, stenografieren zu können, einige wenige beriefen sich auf eine eigene Schreibmaschine, nur wenige schienen über irgendwelche Erfahrung zu verfügen, und eine große Zahl konnte nicht einmal orthographisch schreiben.

Ich hörte das Gartentor zum Sprechzimmer mit beunruhigender Regelmäßigkeit auf- und zugehen und erhob mich.

»Such eine aus, die eine Ahnung von dem zu haben scheint, was sie zu tun hat«, sagte ich zu Mutter, »und engagiere sie, wenn du so lieb sein willst. Ihr erstes Geschäft kann darin bestehen, all diese Bewerbungen zu beantworten.«

Den ganzen Morgen stand das Telefon nicht still. Ich hatte die Idee, daß die Sache Mutter richtig Spaß machte. Das eine Mal, als ich durch die Diele ging, um eine im Auto vergessene Spritze zu holen, hörte ich sie sagen:

»... Ach, ist es ihm jetzt ins Ohr gegangen, dem armen Bürschchen? Ich erinnere mich noch, wie bei meinem Buben – dem Herrn Doktor natürlich – jede Erkältung mit Ohrenweh endete. Ich träufelte ihm dann immer ein paar Tropfen warmes Olivenöl ein.«

»Mutter – das darfst du wirklich nicht!« flüsterte ich ihr durch die halbgeöffnete Küchentüre zu.

»Ach, entschuldigen Sie bitte einen Moment«, Mutter wölbte die

Hand um den Hörer und drehte sich nach mir um. »Was hast du gesagt, mein Junge?«

»Du darfst den Patienten keine Ratschläge erteilen, Mutter. Notiere dir bloß, was sie wollen, und häng dann gleich wieder ab.«

Und ich kehrte ins Sprechzimmer zurück, indem ich mir schreckerfüllt ausmalte, wie viele von meinen kindlichen Taten und Untaten wohl den Patienten enthüllt werden würden.

Meine Besuchsliste ließ dem Spiel der Phantasie nichts übrig. Gegen zwanzig Kleinkinder husteten seit ein paar Tagen und bekamen jetzt einen Ausschlag. Das gab mehr als genug zu tun.

»Was ist mit der alten Mrs. Corfield?« fragte ich Mutter, als ich den letzten Namen der Liste sah.

»Sie hat Arthritis im Rücken, die Ärmste. Ich erzählte ihr, daß ich im Winter genau solche Schmerzen habe, und riet ihr, ein elektrisches Heizkissen aufzulegen, das tut mir selbst immer so gut.«

»Mrs. Corfield ist eine achtzigjährige Frau, die ganz allein lebt und kaum genug zum Essen hat, Mutter«, sagte ich und bemühte mich, ruhig zu bleiben.

Mutter war ganz entsetzt. »Sie soll meines haben, ich kaufe mir dann ein neues.«

Ich suchte ihr die Sachlage zu erklären. »Erstens würde sie sicherlich vergessen, es wieder auszudrehen, und das Haus in Brand stekken. Und zweitens kannst du doch nicht die Wohltäterin bei meinen Patienten spielen. Sobald das sich herumspräche, würde die ganze Gesellschaft vor der Haustür Schlange stehen.«

Zu weiteren Ermahnungen blieb mir keine Zeit, aber im Hinausgehen hörte ich Mutter noch etwas davon murmeln, daß ihr Heizkissen »wärmereguliert« sei. Dann fuhr ich los.

Es war auch diesmal neun Uhr vorbei, als ich abends todmüde und beinahe außerstande, Mutters Nachtessen zu würdigen, wieder heimkam. Den ganzen Tag lang hatte ich keinen Augenblick verschnaufen können, denn als ich mit meinen Besuchen endlich fertig war, war es auch schon wieder Zeit für die Nachmittagssprechstunde gewesen. Mutter hatte das größte Mitleid mit ihrem armen überarbeiteten Jungen und wollte einfach nicht glauben, daß ich sozusagen den ganzen Sommer jeden Nachmittag auf dem Liegestuhl im Garten oder auf dem Golfplatz verbracht hatte.

»Du hast eben ein schlechtes Wochenende erwischt«, erklärte ich ihr und ließ mir eine zweite Portion Apfelpastete auflegen.

»Ich hoffe, daß du mir auch wirklich die Wahrheit sagst«, erwiderte sie mit kummervoller Miene.

»Und was tätest du, wenn das nicht der Fall ist?« fragte ich zurück. »Ein Briefchen an den Herrn Lehrer schreiben?«

Sie ignorierte meine Bemerkung.

»Übrigens hatte ich eine Besucherin, während du aus warst heute nachmittag.«

»Ah?«

»Du hast mir nie was von ihr erzählt«, fuhr Mutter vorwurfsvoll fort und erweckte damit meinen Argwohn.

»Sie sagte, sie heiße Mrs. Hume, und scheint eine sehr liebe Frau zu sein. Traurig, daß sie geschieden ist. Aber sie hat mir eine Menge von ihrem kleinen Jungen erzählt.«

»Da hast du sicherlich Vergleiche angestellt?«

»Ja. Philipp hat anscheinend gern Abenteuergeschichten, während du am liebsten etwas über Autos gelesen hast.«

»Hoffentlich hast du nicht vergessen, sie darüber aufzuklären, daß ich am Daumen lutschte, bis ich vierzehn war.«

Mutter sah beleidigt aus. »Das würde ich doch keinem Menschen je erzählen, mein Junge. Aber diese Mrs. Hume erwähnte zufällig auch, daß Philipp sich vor den langbeinigen Mücken fürchte, und da sagte ich etwas von damals, als wir in Broadstairs waren . . .«

»Doch nicht etwa von der Maus, Mutter?«

»Ja, doch, und wie sich nachher herausstellte, daß du bloß auf ein Stückchen Wollstoff getreten warst, und wie wir nachher immer ein Nachtlicht in deinem Schlafzimmer brennen lassen mußten.«

Sie blickte mir ins Gesicht.

»Du scheinst ja schrecklich empfindlich geworden zu sein, mein Junge – ganz bestimmt bist du überarbeitet.«

Zum erstenmal begann ich mich trotz Mutters ausgezeichnetem Essen auf Mrs. Littles Rückkehr zu freuen.

Beim Kaffee fragte Mutter unvermittelt: »Gehst du mit ihr aus?«

»Mit wem?«

»Mit dieser Mrs. Hume. Sie schien ja ungemein angetan von dir, aber ich kann nicht sagen, daß ich mich freuen würde, wenn du eine geschiedene Frau heiratetest.«

»Ich habe nicht die mindeste Absicht, sie oder irgendwen sonst zu heiraten, Mutter. Hat sie etwas von Heiraten gesagt?«

»Nicht direkt. Aber so ganz dumm bin ich ja auch nicht.«

Ich kam zu dem Schluß, daß hier ein geplanter Angriff vorliegen mußte. Mrs. Hume wußte, daß Mutter bei mir war, und daß ich aus war, muß sie auch gewußt haben, weil der Wagen nicht vor dem Hause stand. Ich roch Lunte.

»Was hat sie gesagt, Mutter?«

»Ach, eigentlich nichts, an das ich mich besonders erinnere. Sie sprach mir davon, daß sie so einsam wäre und daß durch dich ihr Leben froher geworden sei. Sie hält dich für einen sehr begabten Arzt, tatsächlich.« Mutter sah zu mir herüber: »Na, schau nicht so eingebildet drein.«

Nach einer Weile sagte sie leise:

»Mach keine Dummheiten, bloß wegen Sylvia!«

»Ich werde mich bemühen.«

»Dich hat die Verlobung Sylvias schrecklich mitgenommen?«

Ich nickte stumm.

»Ich kann nicht begreifen, warum sie dich nicht heiraten wollte. Ich glaubte, alles ginge so glatt.«

»So war es auch. Das heißt, alles bis auf den Umstand, daß Sylvia keinen Arzt heiraten will.«

»Prügel verdient sie. Ich kann mir nicht vorstellen, was sie an diesem Pankrest findet. Ich hab' sein Bild in der Zeitung gesehen – er kann dir nicht das Wasser reichen.«

»Danke, Ma«, sagte ich. »Und was deine erste Bemerkung betrifft, so könnte ich dir nicht überzeugter beistimmen.«

Das Telefon läutete, und Mutter sprang vom Stuhl auf.

»Setz du dich nur«, rief sie. »Du hast für heute genug geschafft. Ich werde den Leuten sagen, du seist zu Bett gegangen.«

Ich legte den Arm um Mutters Schultern. »Wie würde dir so ein Bescheid gefallen, wenn du in statu asthmatico oder hochfebril wärst?«

»Ich weiß nicht, wovon du redest«, entgegnete Mutter, »aber ich hoffe stark, daß ich nie das eine oder andere sein werde. Beides klingt ganz scheußlich.«

NEUNZEHNTES KAPITEL

Ich hatte mir angewöhnt, bei Mrs. Hume hereinzuschauen. Wir waren zu einer Verständigung gekommen. Sie hatte den Versuch aufgegeben, mich zu umgarnen, und ich hatte meine stachlige Abwehr fallenlassen und eingewilligt, sie Betty zu nennen. In gewisser Hinsicht war sie eine der gutherzigsten Frauen, die mir je begegnet waren. Nachdem sie erst einmal aufgehört hatte, sich lockend in den Hüften zu wiegen und sich selbst »ich Armes« zu nennen, war sie ganz Frau, die das Bedürfnis des Mannes nach Ruhe, einem warmen Feuer und Entspannung nach des Tages Arbeit verstand. Wenn wir uns unterhielten, war gewöhnlich sie es, die mir von den verschiedenen Etappen ihres nicht unbewegten Lebens berichtete. Schwiegen wir – und es war ein freundschaftliches Schweigen –, dann sah ich ihr zu, wie sie, auf ihrem niedrigen Stuhl sitzend, Pullovers für Philipp strickte. Alles das war mir nicht zuwider, und das mindeste, was ich tun konnte, war, ihr für den friedlichen Abend zu danken. So wie wir augenblicklich standen, war mir unsere Freundschaft recht, und ich begann, mich nach der Abendsprechstunde auf einen gemütlichen Abend an Bettys Kaminfeuer zu freuen. Um Klatschereien vorzubeugen, ließ ich das Auto vor meinem Hause stehen und ging zu Fuß die Straße hinunter. Mrs. Little indessen konnte ich nichts vortäuschen.

Zusammen hatten Mutter und ich eine Sekretärin aus den über hundert Bewerbungen ausgewählt, die sie mit großer Belustigung gelesen hatte, und die junge Dame aufgefordert, sich zu einer Unterredung und möglicherweise zur Aufnahme ihrer Pflichten an einem meiner ruhigeren Nachmittage bei mir einzufinden. Die Antworten auf mein Inserat, jetzt in leeren Lebensmittelschachteln verwahrt, versperrten mir jedesmal den Weg, wenn ich die Tür zum Apothekerkämmerchen öffnete, und die Korrespondenz auf den Kartothekschränken hatte einen beängstigenden Umfang angenommen. Ich hoffte, daß sich an dem vorgesehenen Mittwochnachmittag nicht allzu viele Patienten einfinden würden, so daß mir Zeit bliebe, Miss Hornby in ihre Pflichten einzuführen. Aus einem nicht allzu undurchsichtigen Grunde hatte Mutter sich für eine der »über Sechzigjährigen« eingesetzt – d. h. eine der pensionierten Beamtinnen –, während ich sehr gern eine der weniger brauchbar scheinenden Zwanzigjährigen genommen hätte. Schließlich hatten wir uns auf Miss Hornby geeinigt, die die medizinische Terminologie kannte, ausgezeichnete Zeugnisse und eine leserliche Handschrift hatte und zugab, achtundzwanzig Jahre alt zu sein. Mutter sagte, wenn sie achtundzwanzig zugebe, wäre sie bestimmt mindestens dreißig, und wenn sie unverheiratet geblieben sei, könne sie wohl kaum eine Schönheit sein. Ich suchte Mutter beizubringen, daß ich eine Sekretärin suche, aber davon ließ sie sich offensichtlich nicht überzeugen. So blieben wir bei Miss Hornby, und ich sah nicht ohne Erwartung dem Erscheinen meiner neuen Sekretärin am Mittwochnachmittag um drei Uhr entgegen.

Um sieben Uhr am Morgen des genannten Tages wurde ich von meinem treuen Freund, dem Telefon, geweckt. Ich griff nach dem Hörer.

»Herr Doktor?«

Ich kannte die Stimme. Es war die Arthur Rainbows, der Windhunde hielt und sich überall im Lande auf den Hunderennplätzen herumtrieb. Er war ein riesiger Bursche, der aussah wie ein Preisboxer, und im übrigen wohl der größte Kindskopf in meiner Praxis, der mich zu den irrsinnigsten Stunden anzurufen pflegte.

»Herr Doktor, ich habe Schmerzen auf der Brust. Glauben Sie, daß es etwas Gefährliches ist?« – »Herr Doktor, mein Kopf tut mir gräßlich weh, ob das wohl so ein Tumor sein kann?« – »Herr Doktor, ich zittere wie ein Wackelpudding« oder »ich schwitze schweinemäßig« oder »ich heule wie ein Säugling«, und jedesmal: »Was soll ich bloß tun, Herr Doktor? Sagen Sie mir, was ich tun soll!«

»Was ist denn schon wieder, Arthur?« fragte ich voll Ärger, weil er mich eine Stunde, ehe ich aufzustehen brauchte, aus dem Schlaf gerissen hatte.

»Ich bin die ganze Nacht über auf den Beinen gewesen, Ehrenwort, Herr Doktor. Die ganze scheußliche Nacht durch hab' ich auf einem gewissen Ort verbracht. Ich glaube, ich habe so etwas wie 'ne Darmgrippe erwischt.«

»Ich komme später vorbei und seh' nach Ihnen, Arthur.«

»Nein, machen Sie sich nicht die Mühe, Herr Doktor. Ich hab' bloß angerufen, weil ich wissen wollte, wieviel Sulphatiazol ich nehmen soll. Wir geben das den Hunden, wenn sie Durchfall kriegen, aber ich weiß ja nicht, wieviel ein Mensch davon nehmen muß.«

»Nehmen Sie gar nichts, Arthur, ehe ich Sie gesehen habe.«

»Na gut, Herr Doktor. Ich dachte nur, ich wollte Ihnen die Mühe ersparen, wissen Sie.«

»Keine Mühe, Arthur. Ich komme nachher vorbei. Wiedersehn.«

»Wiedersehn, Herr Doktor.«

Weg war mein Schlaf. Ich überlegte mir, jetzt könnte ich ebensogut aufstehen und ausnahmsweise einmal zeitig mit der Sprechstunde anfangen.

Bei Mrs. Collins hatte der Verfall eingesetzt. Sie war jetzt bettlägerig, und obgleich ich bei ihr hereinsah, sooft ich konnte, vermochte ich doch recht wenig für sie zu tun.

»Halten Sie es für möglich, daß ich es bis zum Frühling mache, Doktor?« fragte sie mich. »Ich wünsche mir so sehr, noch einmal zu erleben, wie die Mandelbäume vor dem Fenster blühen.«

»Kann sein«, antwortete ich ohne rechte Überzeugung.

Längst hatte ich es aufgegeben, Mrs. Collins die bittere Tatsache verzuckern zu wollen. Sie war mit ihrem Sterben ausgesöhnt und sprach gern mit mir über den Tod. »Da ich weiß, daß ich sterben muß«, hatte sie einmal gesagt, »seien Sie offen zu mir. Mit Ihnen wenigstens kann ich reden. Wenn ich Besuch von Freunden bekomme, weichen sie meinem Blick aus und schauen anderswohin. Sie sagen mir: ›Wenn es dir besser geht, dann wollen wir das und das tun. Nächstes Jahr bist du wieder auf und läufst herum.‹ – ›Pfui!‹ würde ich dann am liebsten sagen, ›nächstes Jahr bin ich nicht mehr da, und ihr alle wißt es so gut wie ich.‹ Aber es ist ihnen lieber, wenn ich mich an diese Spielregeln halte. Darum pflege ich zu antworten: ›Ja, heute fühle ich mich ein bißchen besser.‹ – ›Ja, gewiß, Mrs. Lucas, ich werde nächstes Jahr zur Hochzeit Ihrer Tochter kommen.‹ – ›Mrs. Erlon, sicher komme ich in Ihr Haus an der See zur Erholung, sobald ich mich etwas kräftiger fühle.‹ Offen gestanden, Doktor, wäre es mir lieber, sie kämen gar nicht zu mir, aber was kann ich dagegen tun?«

Nach diesen Eröffnungen hatte ich ganz ehrlich mit ihr gesprochen und sie sagen lassen, was sie auf dem Herzen hatte.

»Tief im Innersten glaube ich, daß es um die Weihnachtszeit sein wird«, sagte sie jetzt. »Keine so schlechte Zeit zum Sterben.«

Trudi, die es nicht ertrug, sie so reden zu hören, wischte sich die Augen am Schürzenzipfel ab und ging aus dem Zimmer. In Mrs. Collins' schmalem Gesicht brannten die Augen. Ich erzählte ihr, daß Mutter dagewesen war und daß ich eine neue Sekretärin bekäme, und brachte sie zum Lachen über die zahllosen Bewerbungen, die ich erhalten hatte. »Und immer noch keine Braut?« fragte sie.

»Immer noch nicht.«

»Wissen Sie, Doktor, und gerade das wäre im Grunde die Nachricht, die ich von Ihnen hören will. Warum können Sie einer alten Frau nicht den Gefallen tun und sich ein nettes Mädchen suchen?«

»Alles zu seiner Zeit.«

»Schieben Sie's nicht zu lange hinaus.«

»Ich verspreche Ihnen, mein möglichstes zu tun, Mrs. Collins. Und jetzt möchte ich Sie einmal anschauen.«

Nachdem ich mich von meiner Patientin und an der Haustür von der wie immer freundlich lächelnden Trudi verabschiedet hatte, fuhr ich mit Zweifeln im Herzen davon. Würde Mrs. Collins das Weihnachtsfest noch erleben? Ich konnte nicht anders, als es ihr nicht zu wünschen. Je länger sie aushielt, desto mehr würde sie zu leiden haben.

Mein Weg führte mich nach der »Städtischen Siedlung«, wo ich jetzt ein oft gesehener Gast war. Während der ersten Wochen, als ich dort Besuche machte, hatte ich in meiner Unkenntnis der Dinge gar manchen Fehler begangen. Heute kannte ich mich in allem ziemlich genau aus. Ich weiß noch, wie ich eine alte Frau am Montagmorgen besuchte und jedes Fleckchen und Eckchen in sämtlichen Räumen einschließlich der Küche mit schmutziger Wäsche vollgestopft fand.

»Ich wußte gar nicht, daß Sie auch Wäsche von anderen annehmen, Mrs. Hayes«, bemerkte ich mit frohgemuter Leutseligkeit.

»Tu ich ja gar nicht, Herr Doktor. Aber das Zeug häuft sich nun mal so an, wenn man fünf kleine Kinder hat.«

Ich mußte ziemlich energisch gegen die allgemeine Unwissenheit und gegen eingewurzelte Vorurteile ankämpfen, doch trotz allen Mühens gelang es mir nicht zu verhindern, daß die guten Frauen ihre Kinder auf das Tropfbrett des Schüttsteins setzten, von wo sie nicht selten herunterfielen, oder kleine Keuchhustenpatienten in überheizten Zimmern einsperrten. Stets drehte ich die Heizöfen ab und riß die Fenster auf, doch wußte ich nur zu gut, daß die Öfen wieder aufgedreht und die Fenster hermetisch verschlossen würden, sobald ich den Rücken kehrte. Wie oft kamen Mütter zu mir, um meinen Rat einzuholen, hörten mir aufmerksam zu und taten dann, nach Hause zurückgekehrt, statt dessen das, was die Großmutter für gut hielt; gossen meine Arznei in den Abguß und griffen zu ihren bevorzugten Hausmitteln; baten mich um meine Meinung und handelten genau entgegengesetzt. Doch mit der Zeit lernte ich meine Pappenheimer immer besser kennen und verlor meine anfängliche Gutgläubigkeit.

In jedem Haus bekam ich eine Tasse Tee angeboten, da die Bewohnerinnen meist nur zu froh waren, sich selbst eine zu gönnen. Selten nahm ich jedoch an; hätte ich das getan, so wäre ich mit meinen Besuchen überhaupt nie fertig geworden. Doch stärkte ich mich ab und zu gern mit einem Schokoladenbiskuit, ein Hang, der durch Mrs. Collins in der ganzen Nachbarschaft bekanntgeworden war. In der langhingezogenen Siedlung hatte ich mir viele Freunde und ein paar wenige Feinde erworben, und ich hoffte nur immer, diese würden mich nicht eines dunklen Abends etwa verprügeln, wenn ich durch die engen Verbindungswege zwischen den Wohnungen kam.

Schlag drei Uhr läutete Miss Hornby. Wohl wissend, daß Pünktlichkeit die erste Pflicht jeder guten Sekretärin ist, schmunzelte ich selbstgefällig ob meiner anscheinend glücklichen Wahl.

Als ich ihr jedoch die Tür öffnete, schwand mein frohes Lächeln. Selbst Mutter hätte all ihre Ängste fahren lassen müssen. Miss Hornby trug eine schwarze Brille, ein streng geschnittenes Kostüm und klobige, braune Schuhe. An ihrer Frisur würde auch die anspruchsvollste Korporalin nichts auszusetzen gefunden haben.

»Miss Hornby?« begrüßte ich sie und reichte ihr die Hand.

Als sie sie zur Genüge geschüttelt hatte, steckte ich sie hinter den Rücken, um sie zu reiben, bis die Zirkulation sich wieder eingestellt haben würde.

»Guten Tag, Herr Doktor«, sagte sie mit einer Stimme, aus der die fleischgewordene Tüchtigkeit sprach. Wir marschierten ins Sprechzimmer, wo Miss Hornby, noch ehe sie sich umgeschaut hatte, ihrer Jackentasche einen gespitzten Bleistift, einen Kugelschreiber, einen Radiergummi und ein Lineal entnahm und sauber nebeneinander auf der Schreibtischplatte aufreihte. Ich kam zu dem Schluß, daß eine einleitende Besprechung sich erübrige, Miss Hornby hatte mich offenbar akzeptiert.

Ich zeigte ihr die Kästen voller Antworten auf mein Inserat, und es schien sie nicht im geringsten zu beeindrucken, daß unter all den Bewerberinnen sie als Siegerin hervorgegangen war.

»Die nehme ich mir nachher nach Hause mit«, sagte sie. »Dann kann meine Freundin mir helfen, sie zu beantworten. Wenn ich nur zwei Nachmittage in der Woche hier arbeiten soll, würde ich Monate brauchen, um damit fertig zu werden.«

»Das können Sie doch nicht alles heimschleppen«, widersprach ich. Sie hatte ja nicht einmal eine Handtasche bei sich.

»Meine Freundin kommt dann mit dem Auto und kann es mitnehmen, wenn sie von der Arbeit heimkehrt, Herr Doktor, falls Ihnen das recht ist.«

»Gewiß«, stimmte ich zu und war gespannt, wie sich die andere, autofahrende Hälfte der Partnerschaft präsentieren würde.

Miss Hornby zwinkerte durch ihre Brille und sagte »ja« und »ja, ja« und »ja, ja, ja«, während ich ihr die verschiedenen Formulare und vorgedruckten Briefumschläge zeigte. Sie fuhr mit ihren unlackierten Nägeln an den Kartothekschubladen entlang, schnalzte mit der Zunge und sagte: »Da muß etwas geschehen!«

Ich wies sie an, mit dem fürchterlichen Haufen unabgelegter Korrespondenz, der obenauf lag, zu beginnen, und überließ sie dieser Aufgabe, um einige Besuche zu erledigen.

Als ich zurückkam, war der Berg von Papier so gut wie abgetragen, der Rest säuberlich sortiert und ich so beglückt, daß ich Miss Hornby hätte umarmen können – oder doch beinahe!

»Dies hier sind persönliche Briefe, Herr Doktor«, erklärte sie und reichte mir, über den Rand ihrer Brille sehend, eine bunte Auswahl von Zuschriften.

Unter diesen fand ich eine Einladung zum Nachtessen von Sir Monmouth Higgins, die schon vor mehreren Tagen gekommen und meinem Gedächtnis vollkommen entschwunden war; ferner eine »letzte Mahnung« vom Postamt mit der Drohung, mir das Telefon zu sperren (o welches Glück! ...), sofern die Rechnung nicht innerhalb einer Woche bezahlt werde (dem Datum nach war heute der vorletzte Tag, der mir hierzu verblieb), und ein Ersuchen des »Klubs der Alten«, unter dessen Mitgliedern ich zahlreiche Patienten hatte, an einer ihrer wöchentlichen Zusammenkünfte einen kurzen Vortrag halten zu wollen.

Ich wußte nicht recht, wie ich mich Sir Monmouth Higgins gegenüber verhalten sollte. Zwar fühlte ich nicht das geringste Verlangen, hinzugehen und mich von seinen häßlichen Entlein beäugen zu lassen, aber anderseits fiel mir keine triftige Ausrede ein, denn er hatte mich gebeten, ihm selbst meinen freien Halbtag zu nennen, damit sie sich danach richten könnten. Nun, es würde ein vergeudeter Abend sein, doch dagegen war nichts zu machen.

»Miss Hornby«, sagte ich und setzte mich würdevoll vor meinen Schreibtisch, »bitte nehmen Sie einen Brief auf.«

Aus ihrer Jackentasche produzierte die neue Sekretärin einen Notizblock und einen zweiten Bleistift, zog ihren Rock hoch, als sei er eine Hose, und ließ sich auf dem Stuhl gegenüber nieder.

»Ich bin bereit, Herr Doktor«, kündigte sie an, und ich räusperte mich ausführlich, um Zeit zu gewinnen. »Sehr geehrter Sir Higgins«, begann ich. »Nein, warten Sie, das ist natürlich falsch.« Der scharfe Bleistift hob sich von den zwei Schnörkeln, die er auf dem Papier gezogen hatte. Geduldig wartete Miss Hornby.

»Sehr geehrter Sir Monmouth Higgins. Nein, das klingt auch nicht sehr gut, oder finden Sie?« fragte ich unsicher, und es wurde mir heiß unter dem Kragen.

»Ist Monmouth sein Vorname?« gab Miss Hornby zurück.

»Ich weiß nicht. Ich habe sonst noch nie gehört, daß jemand mit Vornamen Monmouth hieß.«

Miss Hornby streckte ihre Hand aus. »Zeigen Sie mir doch mal den Brief.«

»Hier bitte, Miss Hornby«, erwiderte ich mit sanfter Bereitwilligkeit und gab ihn ihr.

»Wollen Sie denn bei ihm zu Nacht essen, oder nicht?«

»Jawohl, Miss Hornby, am Achtundzwanzigsten.«

»Schön. Überlassen Sie es nur mir. Ich lege Ihnen nachher die Antwort zur Unterschrift vor.«

»Gern«, sagte ich und überreichte ihr, auf dem vorgezeichneten Weg voranschreitend, den Brief vom Klub der Alten. »Und teilen Sie bitte der Klubleitung mit, daß ich mich sehr freuen werde.«

Dann füllte ich einen Scheck fürs Telefonamt aus und beauftragte Miss Hornby, ihn gleich abzusenden.

Damit überließ der würdige Herr Generaldirektor seine Privatsekretärin der Erfüllung ihrer also angedeuteten Aufgaben und zog sich zurück, um seinen Tee einzunehmen.

ZWANZIGSTES KAPITEL

Die erste Gruppe von Masernkindern war wieder wohlauf, und jetzt zeigten ihre Geschwister den unvermeidlichen Ausschlag. Auf meinen Besuchen von Haus zu Haus trat ich die an meinen Schuhen hängenden Herbstblätter in die schmalen Verbindungswege und hinterließ auf den Treppenstufen feuchte Schmutzspuren.

Schon lange hatte ich vorgehabt, meinen alten Freund und Kollegen Faraday aufzusuchen, aber es hatte sich nie eine Gelegenheit dazu ergeben. Loveday hatte jetzt zuviel zu tun, um für unser gewohntes Golfspiel Zeit zu finden, und so beschloß ich, von Masern und allgemeinem Arbeitsdruck erschöpft, meinen freien Halbtag zu einem Besuch bei Faraday zu verwenden. Er arbeitete jetzt als Oberarzt an einem sehr kleinen, sehr freundlich anmutenden Spital. Bei meiner Ankunft erhielt ich die Auskunft, daß er gerade in Vertretung des Chefs die Poliklinik mache, und so ging ich ins Wohnzimmer der Ärzte, um auf ihn zu warten. Dort wärmten gerade zwei rechts und links vom Feuer sitzende Assistenten in weißen Kitteln ihre auf den Kaminsims gelegten Füße. Einer von ihnen war eingeschlafen, der andere völlig vertieft in ein Taschenbuch, dessen emporgehaltene Titelseite eine Blondine zeigte, die zugekniffenen

Auges am Lauf eines Revolvers entlangvisierte. Ein Stich der Sehnsucht nach dem alten Leben durchfuhr mich.

Der Raum war genauso öde, wie es überall Brauch war, und alles darin – Möbel, Wände, Teppich und Kissen – war braun. Bestimmt konnte es doch nicht dies sein, was ich in meiner eigenen Behausung bis jetzt immer vermißt hatte. Nein, dies war es sicherlich nicht. Es war die gemütliche Atmosphäre gemeinsamer Mahlzeiten, das geschäftige Zusammenwirken in den Krankensälen, das freundliche Wesen von Pflegern, Türhütern und Ambulanzfahrern, der Spaß mit den Schwestern, wenn man sie mit anscheinender Strenge zur Eile antrieb. Sogar die Nachtvisiten hatten im Spital ihre eigene, persönliche Nuance gehabt. Statt mit dem gebieterischen Telefongeklingel, dem man jetzt in den frühen Morgenstunden stattgeben mußte, hatte man es mit der Nachtschwester zu tun gehabt, die in ihrem wallenden Umhang und mit der hochgehobenen Lampe wie die leibhaftige Florence Nightingale dastand. Und dann gab es die verschiedenen Anlässe: Mitternachtskakao im Zimmer der Nachtschwester, Weihnachtsliedersänger in den Krankensälen und natürlich die Weihnachtsaufführungen, die wir als Studenten aufzogen. Ich entsinne mich noch der letzten, bevor Faraday und ich doktoriert hatten. Wie immer waren wir mit einem Fasse Bier erschienen, das wir in einem Rollstuhl von Saal zu Saal beförderten, damit die Künstler keine trockenen Kehlen bekämen. Bis wir unsere letzte Vorstellung hinter uns hatten, waren wir vollständig betrunken, und unsere Rollenmanuskripte waren unlesbar geworden, allein wir ernteten bedeutend mehr Beifall als zuvor in nüchternem Zustand.

Während ich ins Feuer starrte, ohne doch von dessen ferner Wärme etwas zu verspüren, verfiel ich in jenen Zustand der Träumerei, der einem Schlummer voranzugehen pflegt, als ich durch einen Hieb auf die Schulter ins volle Bewußtsein zurückgerissen wurde.

»Was machst denn du hier, alter Knabe?« fragte Faraday, und unter Gähnen hißte ich mich aus meinem Stuhl.

Faraday musterte mich. »Großer Gott!« sagte er mit einem Blick auf meinen steifen Kragen und den neuen Anzug, »ein hundsgemeiner Plutokrat! Wenn man das aus der Allgemeinpraxis herausschinden kann, wozu vergeude ich dann hier meine Zeit und arbeite mir die Finger bis auf die Knochen ab, um das bare Leben zu fristen?« Er befingerte meinen Rockkragen. »Ist das dein Anzug, oder hast du ihn dir ausgeliehen, um mir zu imponieren?«

»Keins von beiden«, antwortete ich. »Den hab' ich von einem chronischen Alkoholiker gestohlen, weil ich wußte, er würde ihn doch nicht mehr brauchen.« Es war mir ein leichtes, in den altgewohnten, infantilen Krankenhaushumor zurückzufallen.

»Wohlgetan!« gab Faraday zurück. »Abgesehen von ein paar Runzeln bist du der alte geblieben.«

Faraday selbst sah haargenau wie immer aus. Er hatte den gleichen hungrigen, eingesunkenen Blick, den er schon mit achtzehn gehabt hatte, und das alte Äußere eines impertinenten Lehrbuben. Außer bei der Arbeit sagte er nie ein ernsthaftes Wort, und es war einem fast unmöglich, zu glauben, daß er einen ganz außergewöhnlichen erstklassigen Kopf besaß. Durch seine Examina hatte er sich als der weitaus jüngste unter allen Studenten stets mühelos hindurchgelächelt, er befaßte sich mit anerkennenswerten Originalforschungen und wurde von allen, die ihn wirklich kannten, als künftiger großer Spezialist betrachtet.

Das Mädchen kam mit einer großen braunen Teekanne, einem ebenso großen und braunen Topf mit heißem Wasser und zwei Tellern Kuchen herein. Die anderen zwei Assistenten rafften sich aus ihren Sesseln am Kamin auf, und Faraday machte uns bekannt. Dr. Millway nahm sein Buch mit an den Tisch, und wir setzten uns zum Tee.

Ich hatte gerade ein großes Stück Cake in den Mund gesteckt, als Faraday sagte:

»Wie ich höre, wirst du bald in den heiligen Ehestand treten.«

In meinem Erstaunen atmete ich tief ein und verschluckte mich so heftig an einer Rosine, daß es zu ihrer Entfernung aus meiner Luftröhre eines tüchtigen Schlags auf meinen Rücken bedurfte, wozu sich Dr. Millway von seinem Buche losriß.

»Worüber regst du dich denn so auf?« fragte Faraday.

»Ich rege mich nicht auf«, erwiderte ich gereizt, indem ich mir die tränenden Augen wischte. »Ich hab' mich bloß an einer Rosine verschluckt. Wer hat dir nur solche Lügen aufgebunden, und mit wem soll ich in den heiligen Ehestand treten?«

»Ihren Namen weiß ich nicht, sondern nur, daß sie irgendeine mollige Witwe aus deiner Straße ist.« Gelassen strich sich Faraday Konfitüre aufs Brot. »Wie ist es also? 'raus mit der Wahrheit!«

»Es ist nichts als gemeine Verleumdung«, sagte ich, »und ich möchte gern wissen, wer solche Gerüchte verbreitet, damit ich ihm den Hals umdrehen kann!«

»Zu spät«, erklärte Faraday. »Es war nämlich eine alte Dame, die du uns mit einem Darmkrebs hergeschickt hast, und die ist letzte Woche gestorben. Ich erwähnte zufällig, daß ich dich kenne, und da konnte die Gute nicht dichthalten.«

Mir fiel Mrs. Hathaway ein, die zwei Häuser weiter unten als Mrs. Hume wohnte. Ihr Mädchen hatte wahrscheinlich mit Mrs. Humes Haushaltshilfe geklatscht.

»Es gibt gar nichts dichtzuhalten«, widersprach ich. »Die ganze Sache ist eine reine Erfindung.«

Faraday verzehrte gemächlich sein Brot und blinzelte mir zu.

»Du solltest vorsichtiger sein«, meinte er. »In dieser Aufmachung mußt du ja unwiderstehlich wirken.«

Nach dem Tee bemächtigten wir uns der beiden Lehnsessel und begannen, nachdem wir sie dicht ans Feuer gezogen, Krankengeschichten auszutauschen. Anderthalb Stunden lang unterhielten wir uns, und fast jeder unserer Sätze begann mit »Ein Patient (oder eine Patientin) von mir ...«. Es war erstaunlich, wie eine Erörterung meiner Fälle mit einem Kollegen helleres Licht auf mir bisher dunkle Punkte zu werfen vermochte. Es machte mir Vergnügen, Faraday nach Noten auszufragen, und ihm machte es Vergnügen, Näheres über die Allgemeinpraxis zu hören. Er erzählte mir, daß das Spital ihm ein winziges Laboratorium, sozusagen einen besseren Wandschrank, für seine Untersuchungen zur Verfügung gestellt habe, und daß er hoffe, im neuen Jahr gehörig voranzukommen.

»Hier mache ich kurz vor Weihnachten Schluß«, sagte er. »Du hast wohl nicht ein Bett zuviel in deinem Etablissement?«

»Mehrere. Warum?«

»Meine Eltern sind augenblicklich auf einer Tour durch die Vereinigten Staaten, und da dachte ich, vielleicht hättest du gern, daß ich ein bißchen anrückte und dir Gesellschaft leistete. Ich könnte auch ab und zu deine Sprechstunde übernehmen, damit du dich ungestört deiner molligen Witwe widmen könntest.«

»Du kannst gern kommen und bei mir bleiben«, antwortete ich, »aber nur unter der Bedingung, daß du die Klappe über die sogenannte Witwe hältst. Sie ist außerdem keine Witwe, sondern eine geschiedene Frau.«

»Gut«, nickte Faraday. »Einen zarten Wink verstehe ich allemal! Also denn. Was wollen wir an den öden Feiertagen unternehmen?«

»Wie meinst du das – unternehmen?«

»Wo wollen wir hin?«

»Ich kann nirgends hin, teurer Freund. Ich habe eine Praxis, um die ich mich kümmern muß.«

»In diesem Falle müssen wir bei dir einen Abend aufziehen. Ich trage zwei Flaschen Whisky und ein süßes Mädchen aus der Physiotherapie dazu bei. Für alles übrige mußt du sorgen.«

»Na schön«, sagte ich. »Das ist tatsächlich eine gute Idee von dir. Ich war schon bei einer Menge von Leuten in der Gegend eingeladen und habe mich bis jetzt noch bei niemandem revanchiert.«

»Du hast doch sicher irgendwen, der sich mit der Esserei befassen kann? Die flüssigen Erfrischungen werden wir schon meistern.«

»Das«, entgegnete ich und dachte an Mrs. Little, »ist allerdings ein bißchen schwierig.«

Faraday zog mit der Hand sein Kinn herab.

»So ungern ich darauf zurückkomme: Aber könnte nicht vielleicht die besagte Witwe ein bißchen mithelfen?«

»Das würde sie wahrscheinlich schon tun«, bejahte ich ein wenig zu voreilig, worauf Faraday ein rätselhaftes »Ahaa!« hören ließ.

»Da fällt mir ein«, sagte ich, um Eindruck bei Faraday zu schinden, »daß ich vielleicht sogar Sir Monmouth Higgins bitten könnte. Ich bin nächste Woche zum Nachtessen bei ihm eingeladen.«

Ich wartete auf Faradays hochachtungsvollen und ehrfürchtigen Kommentar. Statt dessen brach er in schallendes Gelächter aus.

»Na, der muß aber wirklich nicht mehr ein und aus wissen«, stieß er heraus, »wenn er sich dazu versteht, dich einzuladen. Er hat es schon mit sämtlichen Junggesellen in ganz London versucht, die in Frage kamen. Sogar meine Wenigkeit hat er sich herabgelassen einzuladen, obwohl er ja weiß, daß von dem, was ich verdiene, keine seiner vier Schönen auch nur ihren Bedarf an Sicherheitsnadeln bestreiten könnte. Ich glaube, er ist demnächst so weit, daß er sie als Weihnachtsgeschenke fortgibt.«

»Sind sie denn so arg?«

»Also ich würde mein Geschenk nicht mal auspacken, und dabei bin ich, wie du weißt, doch gar nicht so ungeheuer anspruchsvoll!«

So wenig verlockend bisher schon die Aussicht auf die Abendgesellschaft bei dem berühmten Arzt gewesen war, jetzt stieg mein Widerwille dagegen zu ungeahnten Ausmaßen an.

»Nur nicht gleich verzagt, alter Knabe«, sagte Faraday tröstend. »Was Gutes zu trinken gibt es dort auf alle Fälle, und die Mädchen sind gar nicht so schlimm, solange du dich hütest, sie beim Essen anzusehen.«

Es klopfte an der Türe, und eine kleine rothaarige Schwester steckte den Kopf herein.

»Oh, bitte um Entschuldigung«, sagte sie und sah zu Faraday hinüber, »aber Schwester Barker läßt fragen, ob Sie nicht gleich mal nach Washington 'rüber kommen könnten.«

»Sagen Sie Schwester Barker von mir –«, begann Faraday.

»Ach bitte, Herr Doktor«, unterbrach ihn die Schwester ganz verängstigt, »ich werde sicher schrecklich ausgeschimpft, wenn ich ohne Sie zurückkomme. Schwester Barker ist so schlechter Laune.«

Faraday erhob sich.

»Schon gut, Mädchen, ich komme gleich.«

»Eine von deinen Lieblingen, wie?« fragte ich, als sie aus der Stube war.

»Nicht gerade, aber wenn ich sie nicht gelegentlich ein bißchen aufmuntere, fürchte ich, daß sie in Barkers Verlies demnächst mal Selbstmord begeht.«

»Immer noch unwiderstehlich, sehe ich.«

»Leider, leider«, nickte Faraday, indem er in den Spiegel sah und sich mit den Fingern durchs Haar fuhr. »Selber kann ich ja nicht entdecken, was sie an mir finden.«

»Deine Bescheidenheit überwältigt sie eben.«

»Muß wohl so sein. Doch wie dem auch sei, mein Guter, die Pflicht in Gestalt von Schwester Barker ruft. Wenn ich dich also vor dem Fest nicht mehr sehe, treffen wir uns nachher. Du weißt doch, wie du hier zum Ausgang kommst, wie?«

»Natürlich. Ich bleibe also bis Weihnachten in Verbindung mit dir.«

»Alles Gute«, rief Faraday mir von der Schwelle aus noch zu. »Und sag bitte –« Er blieb vor einer Krankensaaltüre stehen.

»Ja, was?«

»Recht schöne Grüße an die Witwe!«

EINUNDZWANZIGSTES KAPITEL

Miss Hornby erwies sich, sofern eine so weibliche Bezeichnung sich auf sie anwenden läßt, als ein wahrer Schatz. Im Handumdrehen hatte sie alles, was die Praxis betraf, erfaßt und nahm die Korrespondenz mit dem Gesundheitsministerium resolut in die Hand. Ehe sie kam, hatte ich mich nie weiter darum bekümmert, ob die Nummern der angeblich auf meiner Liste stehenden Patienten mit der Nummer auf ihren Kartothekkarten übereinstimmten. Auch andere Dinge hatte ich sehr nachlässig betrieben, so die Ausfüllung der Formulare für Mutterschaftsbeihilfen, das Absenden der Impfmeldungen und dergleichen, was alles, wenn es ordnungsgemäß ausgefüllt und verschickt wurde, allwöchentlich ein ganz ansehnliches Sümmchen eintrug. Miss Hornby amortisierte sich sozusagen selbst. Rücksichtslos beseitigte sie all die buntfarbigen pharmazeutischen Reklamen, die ich mich nie entschließen konnte wegzuwerfen, verfolgte mit Adleraugen meine Besuche bei Privatpatienten und verschickte Rechnungen, sobald sie fällig wurden. Desgleichen machte sie es sich zur Pflicht, mir mit dem Scheckbuch vor dem Gesicht herumzufuchteln, damit ich meine Rechnungen pünktlich bezahlte. Sie verwandelte das unbeschreibliche Chaos in und auf meinem Schreibtisch in wohlgeordnete Fächer und Schubladen. Wo ich mich zuvor durch alte Zeitungen, einzelne Fotos, zerknitterte ausländische Banknoten, aufgerollte Gazebinden, vorvorjährige Notizbücher, stumpfe Injektionsnadeln, erschöpfte Batterien und verfallene grellbunte Gutscheine für Seifenpulver hatte hindurchwühlen müssen, um, wenn das Glück mir wohlwollte, zu finden, was ich suchte, lagen jetzt all meine Briefpapiere und Formulare in bestimmten Fächern. Die arme Miss Hornby muß es schwer mit mir gehabt haben, aber nie beklagte sich die großmütige Seele. Stets war alles tadellos aufgeräumt, wenn sie abends fortging, und jedesmal, wenn sie ankam, fand irgendein Zettel oder eine Mahnung an etwas, das ich nicht vergessen durfte, den Weg auf mein Pult. Sie machte keine Worte, sondern brachte gewissenhaft mit ihren festen und doch gelenkigen Fingern alles wieder in Ordnung. Für sämtliche Patienten war nun in den Kartothekkasten gleichviel Raum, und stets prangte auf meiner Schreibunterlage ein sauberes Löschblatt.

Gemeinsam hatten Miss Hornby und ich uns außer zwei Ablegekörben auch mit einem Datumstempel versehen, einem neuen Spielzeug, dessen Anziehungskraft bei mir nicht nachließ, bis ich mehrere Rezeptblöcke mit verschmierten Daten geziert hatte. Wir waren somit ein wohlorganisierter Betrieb geworden, dessen einziger Übelstand war, daß ich jetzt, wenn ich etwas brauchte, statt alles danach zu durchstöbern, nicht mehr wußte, an welchem Ort es zu finden wäre, und mich bis zu Miss Hornbys nächstem Arbeitsnachmittag gedulden mußte. Auch die Freundin meiner Sekretärin – eine langbeinige blonde Frau, die einen Laden für Damenkleider führte – erwies sich als wertvoll. Nicht nur, daß sie Miss Hornby geholfen hatte, die Antworten an die übrigen Anwärterinnen auf deren Posten zu beantworten, sondern sie hatte uns auch eine Reihe nett aussehender Schachteln für die verschiedenen Zeitschriften im Wartezimmer umsonst zur Verfügung gestellt. Selbst mein Buchhalter hatte Vorteile von Hornby & Co. Während ich früher einfach die mittlere Schublade meines Schreibtischs zu ihm gebracht und den Inhalt auf seinen Teppich ausgeleert hatte, kam ich jetzt mit sauber verschnürten Päckchen angefahren. Das Dasein war für uns alle einfacher geworden.

Am Morgen der Einladung zu Sir Monmouth Higgins stand ich einem Dilemma gegenüber: Sollte ich in dunklem Anzug oder Smoking erscheinen? Den ganzen Vormittag plagte mich diese Frage, bis mir Faraday einfiel, der ja auch dort eingeladen gewesen war und mir Bescheid sagen konnte. Ich rief daher in seinem Spital an, und das erwies sich als sehr gut.

»Unbedingt Smoking«, beschied mich Faraday. »Bei denen geht es nämlich fürchterlich fein zu.«

Natürlich hätte ich ihn vorher anprobieren sollen, aber es war mir nicht in den Sinn gekommen, daß ich dicker geworden sein könnte. Der Smoking hatte mir gleich zu Anfang nicht sehr gut gepaßt, da er nicht für mich, sondern für einen Freund angefertigt worden war, dem ich ihn für unseren letzten Schlußball im Spital abgekauft hatte. Inzwischen war er entweder enger geworden oder, was wahrscheinlicher war, ich meinerseits hatte an Umfang zugenommen. Auf jeden Fall konnte ich die Hose nicht zukriegen, und wenn ich die Jacke zuknöpfte, rang ich nach Atem. Ich hätte mich am liebsten geohrfeigt und überlegte aufgeregt, wer von meinen Bekannten, der ungefähr meine Maße hatte, mir einen Abendanzug leihen könnte. In Lovedays Anzüge wäre ich zweimal hineingegangen, unter den befreundeten Kollegen war kein einziger Mann, und bei meinen Patienten mochte ich nicht anfragen.

»Da müßte eine mit Nadel und Faden her«, ließ sich der alte Hodge von seinem bequemen Küchenlehnstuhl aus vernehmen, wo er Mrs. Little »vertrat«. »Dumm, daß Mrs. Little ins Kino ist!«

Er zog an seiner Pfeife und betrachtete mich seelenruhig, während ich vor ihm stand und verzweifelt meinen Hosenbund zusammenhielt. Was machte es ihm auch aus, wenn ich nicht rechtzeitig und passend angetan bei den Higgins erschien?

Sehr wider Willen, doch der Not gehorchend, rief ich Betty Hume an. Fünf Minuten drauf war sie bei mir oben im Schlafzimmer und steckte meinen Anzug kunstgerecht ab. Dann ging sie mit ihrem Arbeitskorb diskret hinunter, und ich warf ihr das Corpus delicti über die Treppe nach, um mich weiterhin meiner übrigen Toilette zu widmen. Als ich soweit war, hatte sie zwei Fältchen am Hosenbunde ausgelassen und die Knöpfe an der Jacke vorgesetzt. Damit sah der Anzug zum erstenmal, seit ich ihn besaß, so aus, als sei er für mich gemacht. Ich raste, denn die Zeit begann knapp zu werden, wieder die Treppe hinauf, um mir ein frisches Taschentuch für die Brusttasche zu holen, und dann wieder hinunter, um mich von Betty zu verabschieden. Sie räumte gerade ihren Arbeitskorb auf.

»Kommen Sie mal einen Augenblick her«, sagte sie. »So können Sie unmöglich gehen.«

Sie zog die Schleife meiner Binde auf, an der ich mich minutenlang abgemüht hatte, und legte mir die Arme um den Hals, um sie frisch unter den Kragen zu legen. Ich überlegte dabei, wie nützlich es sein könnte, solch eine Frau im Hause zu haben.

An der Schwelle des Higginsschen Hauses, eines imposanten georgianischen Baus, angelangt, warf ich die Schultern zurück und räusperte mich gehörig, ehe ich läutete. Da ich dem enttäuscht aussehenden Diener weder Hut noch Mantel oder Handschuhe auszuhändigen hatte, wurde ich zum Salon geführt und mit feierlicher Stimme angemeldet.

Vom Kamin her, an dessen Marmorsims er in malerischer Pose aufgebaut stand, stelzte Sir Monmouth quer durchs Zimmer auf mich zu.

»Schön, daß Sie kommen, mein Lieber«, begrüßte er mich und hielt mir eine schlaffe Hand hin.

Dann stellte er mich seiner in steife, schwarze Seide gewandeten Gattin vor, die mich nach einem scharf musternden Blick offenbar annehmbar fand, denn sie hißte sich aus ihrem Sessel empor, um mich ihren Fräulein Töchtern vorzustellen. Zum Glück waren nur drei der vier Damen anwesend – die vierte hatte ein Rendezvous zustande gebracht. Da mir dies nicht etwa nur einmal, sondern wiederholt mitgeteilt wurde, schloß ich, daß es ein seltenes Vorkommnis sein mußte. Nun, jedenfalls genoß ich nun die Gesellschaft der Schwestern Diana, Daphne und Denise, alles Neuauflagen ihrer dicklichen Mutter und ihres kinnlosen Vaters – sowie ein Glas hellen Sherry. Außerdem befanden sich im Salon noch ein künstlerisch anmutender Herr mit schwarzem Bart und seine Frau, die trotz der breiten rosa Stola, die sie sich umgeschlungen hatte, aussah, als sei sie am Erfrieren. Auch diesem Paar wurde ich vorgestellt, allein mein Gastgeber sprach so leise, daß ich ihren Namen nicht verstand. Kaum war das Vorstellen beendet, als sie sich abwandten, um ihr Gespräch mit Sir und Lady Monmouth weiterzuführen, und es mir überlassen blieb, die jungen Damen zu unterhalten.

Ich trank meinen Sherry, und sie nippten an dem ihren, ohne ihre glänzenden Augen von meinem Gesicht abzuwenden. Schließlich sagte ich in meiner Verlegenheit um ein Gesprächsthema:

»Wo ist denn Ihr Fräulein Schwester heute abend?«, und sie berichteten mir einstimmig, sie habe eine Verabredung.

Es schien mir sehr heiß im Zimmer.

»Ach – spielen Sie Klavier?« erkundigte ich mich hierauf, da ich am andern Ende des Salons einen Flügel entdeckt hatte.

»Dorothy spielt, aber sie ist ja heute ausgegangen.« – »Sie hat eine Verabredung«, bemerkte ich als heller Kopf.

»Ja, sie hat eine Verabredung.«

»Wir warten nur noch auf meinen Neffen«, hörte ich Sir Monmouth zu dem bärtigen Gast sagen, »dann können wir zum Essen gehen. Ich verstehe gar nicht, wo er so lange bleibt.«

Ich betete darum, daß der Neffe sich beeilen möge.

»Ach«, wandte ich mich an die mir zunächst stehenden der dicklichen Schultern, ohne mich zu entsinnen, ob sie Diana, Daphne oder Denise gehörten, »ich hab' nicht ganz den Namen des Herrn mit dem Bart verstanden, aber er macht mir den Eindruck, als sei er Künstler – ist das richtig?«

Diana, oder vielleicht auch Daphne oder Denise, schüttelte den Kopf.

»Er stellt Bruchbänder her«, klärte sie mich auf. »Er und mein Vater probieren gerade ein neues Modell zusammen aus.«

Es war gut, daß die Ankunft von Sir Monmouths Neffen mich eines Kommentars enthob. Ich wandte mich von meiner kleinen Ecke und den drei Mädchen ab und hätte fast mein Sherryglas fallen lassen.

Im Türrahmen standen Sylvia und Wilfred!

Wenn es mir nur eingefallen wäre, hätte ich freilich gleich die Familienähnlichkeit bemerken müssen: die hagere Eleganz, die mangelnde Kinnpartie. Sir Monmouth standen sie noch einigermaßen an, denn er verfügte über die besondere Körperlänge und seinen schwarzen Schnurrbart, während Wilfred nichts aufwies als ein Monokel und eine gefältelte Hemdbrust.

»Mein Neffe, Wilfred Pankrest«, sagte Sir Monmouth zu mir, »und seine Verlobte, Miss Sylvia Nash.«

Wir murmelten, wir würden uns bereits kennen, und Sir Monmouth erwiderte: »Das freut mich aber!« und kehrte zu seinem Bruchbandfabrikanten zurück. Ich schüttelte Wilfred so kurz wie möglich die Hand, behielt dafür diejenige Sylvias so lange in der meinen, bis Wilfred mir einen bösen Blick zuwarf und sagte: »Ich glaube, wir sollten der Tante guten Abend sagen, liebe Sylvia«, und sie fortzog.

Während der ganzen Mahlzeit hatte ich nicht Gelegenheit, mehr zu Sylvia zu sagen als: »Darf ich um das Salz bitten?«, denn man hatte mich zwischen Diana und Denise gesetzt (oder vielleicht war es auch Daphne), und die Unterhaltung war gottlob allgemein. Bei näherem Zusehen schienen sowohl Töchter wie Mutter ganz nett und gutmütig, aber so eintönig und stumpf wie eine Regennacht auf dem flachen Land. Das Essen war vorzüglich, doch ich fühlte mich außerstande, es wirklich zu genießen, weil ich immerfort denken mußte, wie wunderschön Sylvia doch war, und als was für ein widerwärtiger Dummkopf sich Wilfred auch bei näherer Bekanntschaft erwies.

Als wir mit dem ausgezeichneten Nachtisch – einer Mischung von Ananas und Kognak – fertig waren, erhob sich alles. Ich wandte mich nach der Türe, in der Hoffnung, Sylvia wenigstens auf wenige Minuten allein sprechen zu können, als ich am Ärmel gezogen wurde.

»Es gibt ja noch Porto, alter Freund«, flüsterte Wilfred mir zu. »Den sollten Sie sich doch nicht entgehen lassen.«

Widerstrebend setzte ich mich wieder auf meinen Stuhl, und Wilfred hielt den Damen die Türe auf. Ich hatte nicht geglaubt, daß die traditionelle Sitte, der zufolge sich nach einem Diner Damen und Herren auf eine Weile trennten, noch beobachtet würde, und rückte ungern auf einen Wink Sir Monmouths an dessen Seite. Der Portwein war gut, die Zigarre erstklassig und die Unterhaltung zweideutig. Sir Monmouth selbst erzählte in seiner leisen Gentlemanstimme zwei Witze, wie ich sie kasernenhafter kaum je gehört hatte, und der Bruchbandfabrikant übertraf ihn noch. Alle schienen sehr beschlagen in dieser Art männlicher Unterhaltung, und ich fühlte mich wie die Unschuld vom Lande dabei. Sir Monmouth stellte mir andauernd alle möglichen Fragen, um mich ins Gespräch zu ziehen, doch da er nie die Antwort abwartete, saß ich die meiste Zeit da, ohne den Mund aufzutun. Wilfred mußte wohl gemerkt haben, daß ich sehnsüchtig darauf wartete, zu den Damen im Salon zurückzukehren, weil er jedesmal, wenn Sir Monmouth sich anschickte, aufzustehen, ein neues und gänzlich sinnloses Thema aufs Tapet brachte. Wahrscheinlich hätte ich ihm einen Fußtritt versetzt, wenn er mir näher gesessen hätte.

Als wir endlich in den Salon zurückkehrten, saß Sylvia zwischen zweien der Haustöchter auf dem Sofa. Es war ganz unmöglich, zu ihr zu gelangen, und in ihrer lieben Art begriff sie sofort, wie es in mir aussah. Als Sir Monmouth mich fragte, ob ich irgendwelches Interesse für Malerei habe, sah ich, wie Sylvia rasch nickte.

»Ja«, antwortete ich gespannt. »Warum?«

»Nun, Frank Meredith – Sie wissen, der Bursche, der immer die Mitglieder der königlichen Familie porträtiert – hat kürzlich Mildred für mein Arbeitszimmer gemalt. Würde es Sie interessieren, das Bild einmal anzuschauen?«

»Oh, das würde ich sehr gern«, sagte ich und folgte ihm aus dem Zimmer.

Ich hatte gerade alles geäußert, was mir über das fleischige, rosaweiße Abbild der Lady Higgins über dem Schreibtisch des in Bücherwände gekleideten Arbeitszimmers einfallen wollte, als Sylvia, kühl wie ein Sommermorgen, in ihrem blaßgrünen Spitzenkleid hereingeschwebt kam.

»Könnten Sie nicht bitte kommen und Wilfred zeigen, wie man den Tonbandapparat bedient?« fragte sie Sir Monmouth mit großen Unschuldsaugen. »Er möchte so schrecklich gern mal seine eigene Stimme hören.«

Sir Monmouth rieb sich die Hände.

»Aber gewiß, meine Liebe. Mir macht das neue Spielzeug selbst einen Riesenspaß.«

Er wandte sich zu mir: »Kommen Sie mit?«

»Ich wollte mir gern den Hintergrund des Bildes noch etwas genauer betrachten«, entgegnete ich, ohne Sylvia anzusehen.

»Aber bitte sehr, bitte sehr.« Und er entschwand durch die Tür.

Kaum war er draußen, als ich Sylvia in die Arme schließen und mit ihr durchs Zimmer wirbeln wollte, bis mir einfiel, daß sie mir ja nicht mehr gehörte.

»Ich konnte es fast nicht mehr aushalten, bis ich mit dir reden konnte, Sylvia«, sagte ich und wünschte, sie sähe nicht ganz so herzbrechend schön aus.

»Ich wollte auch gern mit dir reden«, sagte sie.

»Immer schon wollte ich dich um Verzeihung bitten, weil ich so häßlich zu dir war, damals, als ihr zum Tee gekommen seid. Du weißt doch, daß ich es nicht so meinte, nicht wahr! Ich möchte dir ja für die Welt nicht weh tun, und ich hoffe, daß du mit Wilfred sehr glücklich wirst.«

»Danke, Lieber. Ja, es hat mir ein bißchen weh getan, aber ich verstehe auch, wie dir zumute ist. Du hättest dich gar nicht zu entschuldigen brauchen.«

»Ich wollte aber, Sylvia.«

»Wirklich?«

»Worüber wolltest du denn gern mit mir reden?«

Sie antwortete mir nicht, sondern trat an mich heran und zog mir das frische Taschentuch aus der Brusttasche. Indem sie mir eine Hand um den Kopf legte, rieb sie mit der anderen an einer Stelle dicht unter meinem Ohr herum und hielt dann das Tuch zur Besichtigung in die Höhe.

»Du hattest Spuren von Lippenstift auf dem Hals«, sagte sie.

Wir schwiegen, während ich das Taschentuch wieder zusammenlegte. Ich wußte nicht, sollte ich lachen oder zornig werden.

»Falls es etwas nützen kann«, meinte Sylvia, »dann laß dir sagen, daß es mich eifersüchtig gemacht hat.«

»Glaubst du, daß es sonstwer bemerkt hat?«

»Ich denke nicht, daß sonstwer daran interessiert war.«

»Und du?«

»Wir sollten zu den anderen zurück«, sagte sie. »Wilfred wird nicht verstehen, wo ich bleibe.«

Ich vermochte mich gerade noch davor zurückzuhalten, laut herauszusagen, was ich Wilfred anwünschte. »Nun gut«, antwortete ich, denn was anderes war noch zu sagen, ohne daß ich mich lächerlich machte? »Gehen wir also.«

Im Salon waren alle emsig damit beschaftigt, ihre eigenen Stimmen auf Tonband aufzunehmen und wieder abzuspielen, und so verbrachten wir den Rest des Abends. Ich selbst war, nachdem ich einiges getrunken und mit Sylvia gesprochen hatte, ganz aufgeräumt und plauderte so liebenswürdig mit den drei Mädchen und ihrer Mutter, daß ich bei der Verabschiedung von Sir Monmouth nur hoffen konnte, er werde meinen herzlichen Dank für den Abend nicht als Verliebtheit in eine seiner Töchter deuten.

Glücklich in dem Gedanken, endlich wieder einmal einige Worte mit meiner Sylvia gewechselt zu haben, ging ich aus dem warmen Haus in die kalte Nacht hinaus.

Alles, was noch von der Herrlichkeit des Herbstes übriggeblieben war, die ockergelben Farbtöne und terrakottabraunen Blätter, war nun von den Besen der Straßenkehrer zu feuchtklebigen, unansehnsichen Haufen zusammengefegt worden. Ich schaffte mir einen Überzieher und ein Paar hohe Stiefel für die Tage an, wenn Gartenwege und Dachrinnen Regenwasser führten, und versah den Kühler meines Wagens mit Gefrierschutzlösung. Schon waren ein paar nasse Schneeflocken gefallen, und in den Köpfen der Leute und den Schaufenstern der Läden nahm das nahende Weihnachtsfest den Hauptplatz ein. Selbst Mrs. Little brummte etwas von »Plumpuddings«, und mir schauerte bei der Vorstellung, wie diese schmekken würden. Meine Sprechstunden waren morgens wie abends überfüllt, und die Patienten drängten sich um den elektrischen Ofen.

Auf der gegenüberliegenden Seite der Straße lebte Mr. Sweeney sein halbes Leben weiter, und seine Frau pflegte ihn wie immer mit nie versagender Liebe und Treue, bis sie eines Tages mit Tränen in den Augen bei mir erschien und mich bat, rasch zu kommen, da sie glaube, das Ende stehe bevor. Als ich in das Schlafzimmer trat, das während der letzten zwei Jahre sein Kerker gewesen war, sah es allerdings so aus, als ob sie recht hätte. Sweeney schien nicht mehr zu atmen, und sein Gesicht zeigte die sprichwörtliche Blässe des Todes. Während ich ihn untersuchte, betete Mrs. Sweeney neben dem Bett.

»O bitte, laß ihn nicht sterben, mein Gott«, hörte ich sie flüstern.

Zu meiner Überraschung stellte ich fest, daß sein Herz noch schlug, und nachdem ich ihm eine Spritze gemacht, kehrte er in seinen gewohnten Zustand zurück. Seine Frau war glückselig darüber und dankte mir ein ums andere Mal.

»Lange kann er nicht mehr so weiterleben«, sagte ich ihr, ganz erschrocken von der Heftigkeit ihres Wunsches, daß er weiterlebe.

Mrs. Sweeney hatte ihre Tränen getrocknet und sich wieder beruhigt.

»Sie halten mich sicher für dumm, Herr Doktor«, sagte sie, »weil ich möchte, daß er selbst in diesem Zustand am Leben bleibt. Aber solange er noch da ist, selbst so, gibt es immer noch glückliche Augenblicke für uns beide. Ich rede zu ihm, und wenn ich auch nicht glaube, daß er mich wirklich versteht, bin ich ihm doch irgendwie nahe. Es ist schwer erklärbar, aber es ist so.«

Es mag schwer zu erklären gewesen sein, und die meisten Menschen hätten Mrs. Sweeney kaum verstanden.

Obwohl ihr Mann jetzt nichts mehr als eine Last für sie war, und dazu eine fast untragbar schwere Last, fand sie kein Glück in dem Gedanken, sie niederzulegen. Sie war eines der Beispiele ganz außergewöhnlichen Glaubens, wie sie mir mehrfach begegnet sind.

Viele der von mir besuchten Häuser, ob sie nun für sich oder in Reihen standen, Ziegel- oder Zementmauern, graue oder rote Dächer hatten, beherbergten glückliche Familien, die ein normales und meist frohes und befriedigendes Leben führten. Nur hier und da gab es plötzlich, wie wenn unerwartet die Trockenfäule auftritt, hinter den sauberen Vorhängen lauerndes Unglück, wenn man es auch den Gesichtern der Bewohner oft nicht ansehen konnte.

Da war zum Beispiel die Familie Meadows, auf der durch irgendein Mißgeschick, dessen Ursache ich nicht ergründen konnte, anscheinend unbezwingliche Schulden lasteten. Um sich aus dieser Notlage zu befreien und in der Hoffnung, ihre Gläubiger im Laufe eines Jahrzehnts befriedigen zu können, verrichtete die ganze Familie Heimarbeit. Sie stopften Teddybären mit Wollflocken aus, und in jedem Winkel des kleinen Hauses lagen die Stofftiere in allen Größen herum. Vom frühen Morgen bis späten Abend ließen sie nicht von ihrer selbstauferlegten Aufgabe ab, wobei Mr. Meadows und Robert die Hüllen ausstopften und Mrs. Meadows und Elaine die zugeschnittenen Teile auf der Maschine zusammennähten. Und als ob all das nicht genügte, war Mrs. Meadows unglücklicherweise allergisch auf Textilstaub, so daß den ganzen Tag über und die kurze Nacht hindurch ihre Nase verstopft und ihre Augen gerötet und verschwollen waren.

Solange ich im Krankenhaus arbeitete, hatte ich mir nur aus dem, was die Patienten mir erzählten, eine Vorstellung von ihrem Zuhause machen können. Jetzt sah ich selbst, wie es bei ihnen aussah, und das, was sich hinter den Mauern der Vorstadthäuser zutrug, ergab ein vielfältiges und eindrucksvolles Bild. Mrs. Sanders bestickte Kinderkleider für die Londoner Warenhäuser, und ihr Eßtisch war stets mit leuchtenden Seidensträngen besät; Mrs. Ray verfertigte Christbaumschmuck und stand augenblicklich mitten in ihrer Hochsaison.

Ich brachte die Kinder dieser Familien zur Welt und behandelte ihre Furunkel, hörte mir ihre Klagen an und lernte je nach Umständen mit ihnen umzugehen. In bezug auf die Websters in Nummer sieben hatte Mrs. Little eine völlig verkehrte Meinung geäußert. Zwar zogen sie tatsächlich junge Boxerhunde auf, aber daß sie keine Kinder wollten, hatten sie nie gesagt. Es waren reizende junge Leute, die im Gegenteil alles darum gegeben hätten, welche zu bekommen, und gewissermaßen als letzte Hoffnung mich konsultiert hatten, nachdem sie durch die vorherigen Untersuchungen aller Aussicht auf eigene Kinder beraubt worden waren. Natürlich konnte auch ich ihnen nicht helfen, doch setzte ich alle Hebel in Bewegung, damit ihnen gestattet würde, ein Kind anzunehmen.

Allüberall gab es Probleme. Ich hatte in den vergangenen Monaten so viele Erfahrungen über meine Mitmenschen gewonnen, daß ich mir zeitweilig ganz anmaßend vorkam, weil ich überhaupt eine ärztliche Praxis ausübte. Eine alte Redensart behauptet, daß jedes Unglück zu etwas gut sei, und sie schien mir durch meinen Entschluß, praktischer Arzt zu werden, bestätigt worden zu sein. Sylvia war es gewesen, die mich vor allem bestimmt hatte, diesen Weg einzuschlagen, und nun hatte ich meine Praxis, Sylvia aber hatte ich nicht. Nachdem ich fast neun Monate lang das Dasein eines Hausarztes kennengelernt hatte, war ich mit der Wendung, die mein Leben genommen, mehr als befriedigt, wenigstens vom medizinischen Standpunkt aus. Die Frau, nach der ich mich sehnte, war mir zwar versagt geblieben, dafür aber schien ich meinen Platz in der Gesellschaft gefunden zu haben. Ich empfand, daß ich temperamentsmäßig für meinen Beruf geeignet sei, und das machte mich glücklich und befähigte mich, meinen Patienten das Beste zu geben. Es bereitete mir Freude, ganze Familien kennenzulernen und jedes ihrer Mitglieder als Teil einer Einheit zu behandeln; ich interessierte mich nicht nur für die ärztlichen, sondern ebenso für die sozialen Fragen, die mir vor Augen kamen, und die ausgedehnten Arbeitsstunden, die zuweilen unumgänglich wurden, machten mir nicht viel aus, sondern bildeten sogar irgendwie eine Würze meines Daseins. Ich hatte meine eigene Furche in der großen Straße des menschlichen Lebens gefunden und empfand eine stolze Erfüllung darin, ihr zu folgen. Eines hatte ich mir allerdings gleich gelobt, als ich die Allgemeinpraxis wählte: nie in einen Schlendrian zu verfallen und stets Schritt mit der neuen Medizin zu halten. Ich las meine Fachzeitschriften wirklich eingehend, ich schloß mich allwöchentlich einmal der Visite in den Krankensälen des Bezirksspitals an und hatte mich für einen Nachholkurs am Jahresende gemeldet. Jedes Jahr wollte ich, so beschloß ich, einen anderen Kurs nehmen, und meine Patienten würden jeweils vierzehn Tage lang auf mich verzichten müssen, während ich in ihrem Interesse studierte und dazulernte. Wenn ich schon kein Spezialist war, so wollte ich doch ein wirklich guter praktischer Arzt sein.

In jener Nacht, als ich bei den Higgins' zu Abend gegessen hatte, schlich ich mich beim Heimkommen gerade leise die Treppe hinauf, um Mrs. Little nicht zu wecken, als das Telefon läutete. Der Anruf kam von Mrs. Dobson oben an der Straße, die mich bat, nach ihrem Mann zu sehen, der sich am Kopf verletzt habe. Komisch, sich mitten in der Nacht am Kopf zu verletzen, dachte ich, allein sie schien sehr aufgeregt und redete etwas wirr über die ganze Sache. Ich versprach ihr, hinüberzukommen, und holte rasch unten in der Ordination Nadeln und Fäden, falls er genäht werden müßte.

Als ich die Praxis antrat, hatte Mrs. Little mir allerlei über die Dobsons erzählt, aber ich war bisher nie bei ihnen gewesen, und Mrs. Dobson war nur ein einziges Mal in meiner Sprechstunde erschienen. Wenn ich an ihrem Hause vorbeifuhr, sah ich öfters Frauen aus der Nachbarschaft hineingehen, denn Mrs. Dobson war, wie Mrs. Little mir gesagt hatte, eine sehr gute Coiffeuse und natürlich viel billiger als ihre Kollegen mit regelrechten Läden. Das letzte, was meine Haushälterin mir berichtet hatte, war, daß Mr. Dobson seine Stellung verloren hatte, weil er ständig betrunken war. Lange Zeit hatte er einen Spezereiladen geleitet, war aber jetzt so heruntergekommen, daß er Zeitungen verkaufte.

In seiner Küche fand ich ihn mit lang ausgestreckten Beinen in dem Sessel beim Boiler liegen, die Augen halb geschlossen, mit zerrissenem Rock und einer Schnittwunde an der Stirn, aus der Blut sickerte. Ein unerfreulicher Anblick.

»Ich glaube, es hat da einen Streit gegeben«, sagte Mrs. Dobson, ein nettes Frauchen, das mir vor Scham gar nicht in die Augen sehen konnte. »Ein paar Männer haben ihn heimgebracht und gesagt, draußen vor dem Wirtshaus habe es irgend etwas gegeben. Er läßt mich überhaupt nicht an sich 'ran, und der Schnitt da auf seiner Stirn sieht mir bös aus.«

Im Spital hatten wir es nachts häufig mit Trunkenbolden zu tun gehabt, daher wußte ich, wie mit ihnen zu verfahren sei.

»Setzen Sie sich auf, Dobson!« kommandierte ich in meinem besten Kasernenhofton.

Er tat nichts dergleichen, also trat ich zu ihm und betrachtete mir seine Wunde. Da hob er die Faust vom Boden, wo sie lag, und stieß nach meinem Bauch.

»Mach, daß du zur Bande zurückkommst, wo du gewesen bist«, knurrte er, »und laß mich in Ruh!«

Ich wußte erst nicht, was für eine »Bande« er meinte, aber dann fiel mir ein, daß ich ja noch den Smoking anhatte.

Ich stellte mich mit einem Stück Verbandgaze hinter ihn, um das Blut wegzuwischen, weil ich sonst nicht beurteilen konnte, wie groß seine Wunde war.

»Laß mich in Ruh!« grölte er plötzlich laut und machte Miene, aufzustehen.

Ich hakte ihm den Arm um den Hals und zog ihn unsanft zurück.

Die Sache sah aus, als sei er von einer Flasche getroffen worden. Sie bedurfte zweifellos einiger Stiche. Ich ließ ihn daher für den Augenblick los, um mein Handwerkszeug bereitzumachen.

»Kann man ihn nicht betäuben?« wollte Mrs. Dobson wissen.

»Ich dächte, er hat genug Alkohol in sich, um unempfindlich zu sein. Ich bezweifle, ob er überhaupt etwas davon spürt.«

Als ich um seinen Stuhl herumging, versuchte er noch einmal, nach mir auszuschlagen, traf aber daneben. Ich nahm seinen Hals fest in die Zange meines linken Arms und machte den ersten Stich. Mrs. Dobson wandte den Kopf ab, doch er zuckte nicht einmal.

Während ich meine Flickarbeit beendete, begann er zu singen. Er merkte nicht nur von der ganzen Sache nichts, sondern hatte sogar völlig vergessen, daß ich da war. Plötzlich hörte er auf zu singen und rief wütend:

»Mir mit so 'ner verdammten Flasche über'n Kopf zu hauen! Wo ist der gemeine Lump jetz' bloß hin?« Er brummelte weiter von dem Kerl mit der Flasche, bis ihm die Augen zufielen und sein Kopf auf die Brust sank.

»Soll ich ihn hinaufschaffen?« fragte ich Mrs. Dobson.

»Sehr freundlich von Ihnen, Herr Doktor, aber ich kann's schon allein«, erwiderte sie.

Ich sah mir das kleine Frauchen an und dann den gut einen Meter achtzig langen, schweren Dobson.

Sie beugte sich tief über seinen Sessel, in dem er jetzt widerwärtig schnarchte. Indem sie den Kopf auf seinen Bauch legte und seine Rockaufschläge anpackte, hißte sie ihn mit einem einzigen raschen Ruck über ihre Schulter. Ich hätte so etwas nicht für möglich gehalten und muß sehr verblüfft ausgesehen haben.

»Da bin ich ja leider dran gewöhnt«, sagte Mrs. Dobson. »Wenn Sie so gut wären, mir die Tür aufzumachen, trag' ich ihn jetzt 'rauf.«

Und morgen, so dachte ich, während ich mein Zeug einpackte, steht sie dann wie stets in ihrem Vorderzimmer und wickelt den Kundinnen die Haare auf, als sei nichts geschehen!

DREIUNDZWANZIGSTES KAPITEL

Ich konnte nicht begreifen, warum es in meiner Sprechstunde plötzlich so leer geworden war. Jedesmal fanden sich nur wenige Patienten ein, und auch Besuche hatte ich nicht mehr so viel zu machen. Nachdem dieser Zustand etwa eine Woche lang angehalten hatte, begann er mich fast zu beunruhigen. Ob etwa irgendeine mit meinem Namen verknüpfte Skandalgeschichte die Runde in meiner Praxis gemacht hatte, ob alle zu einem anderen Arzt übergegangen waren? Als ich mit Phoebe Miller über einige vertretungsweise für sie übernommene Besuche zu telefonieren hatte, beschloß ich, die Sache nebenbei zu erwähnen.

»Sind Sie momentan sehr stark beschäftigt?« fragte ich sie.

»Beschäftigt?« fragte sie verwundert zurück. Ich stellte mir ihr vollgestopftes Wartezimmer vor und machte mich schon auf das Schlimmste gefaßt. »Du lieber Himmel, jetzt in der flauesten Zeit im ganzen Jahr, vierzehn Tage vor dem Fest! Jetzt haben sie doch alle viel zuviel mit Weihnachtskartenschreiben und Päckchenmachen zu tun, um an Kranksein zu denken! Das ist jedesmal so. Aber warten Sie bloß ab, bis Januar, Februar um sind. Dann kommen Sie auf keinen Stuhl mehr. Na, machen Sie sich nichts draus – lange dauert es nicht.«

»Danke«, sagte ich. »Werde ich tun.«

Also von meinen Befürchtungen befreit, konnte ich mich mit Genuß der neuen Lage hingeben. In den Häusern der Nachbarschaft begannen hinter den Fenstern große, mittlere und kleine Christbäume aufzutauchen. Drinnen zogen sich Papierketten an der Decke hin, und herabhängende Glöckchen kitzelten meinen Kopf, wenn ich durch die Diele ging. Auch bei mir daheim konnte ich das Nahen der frohen Jahreszeit wahrnehmen. Auf meinem Buffet prangten bereits drei Flaschen, eine mit Whisky, die anderen mit Sherry und Eierkognak. Auch ein Weihnachtskuchen war bereits eingetroffen, desgleichen eine Schreibunterlage und ein molliger Teewärmer, den mir eine liebe alte Dame gestrickt hatte. Diese Geschenke rührten und überraschten mich zugleich, denn die Geber waren meist gerade solche Patienten, für die ich, ärztlich gesprochen, wenig oder nichts getan hatte. Dort, wo ich viel Zeit, Wissen und Kraft aufwandte, wurde es hingegen oft nicht bemerkt.

Der geringere Zeitaufwand, den mein Beruf gegenwärtig erforderte, ermöglichte es mir, mich mit den Vorbereitungen zu der Gesellschaft zu befassen, die ich Faraday voreiligerweise zu geben versprochen hatte. Mrs. Little ging eifrig auf mein Vorhaben ein und versprach, süße Pastetchen zu backen. Doch im Gedenken an ihre üblichen kulinarischen Leistungen erklärte ich ihr taktvoll, meine Bekannten seien nicht sehr scharf auf dergleichen, und im übrigen habe Mrs. Hume sich erboten, für die Bewirtung zu sorgen. Da ich sah, wie Mrs. Littles Lippen sich schmal zusammenpreßten, beeilte ich mich hinzuzufügen, sie würde ja auch sicher nicht imstande sein, zu all ihrer sonstigen Arbeit auch noch das Backen zu übernehmen, und da Mrs. Hume es uns angeboten hätte, könnten wir sie nicht gut kränken, indem wir ablehnten. Es bliebe ja immer noch für uns alle genug zu tun.

»Wie viele wollen Sie denn einladen?« erkundigte sich die Haushälterin nun. »Wir haben ja gar nicht so viele Tassen, wo Hodge sie im Garten doch immer entzweischlägt.«

»Ach, Tassen werden wir überhaupt kaum brauchen«, beruhigte ich sie, »sondern eher Gläser und Flaschen. Es soll eine ganz ungezwungene Einladung werden, wissen Sie, Mrs. Little.«

Mrs. Little wußte es offenbar nicht, allein aus ihrer Miene ersah ich, daß sie sich ihre eigenen Gedanken darüber machte.

Mit Hilfe Miss Hornbys versandte ich die Einladungen. Ich bat das Ehepaar Loveday, Phoebe Miller und die übrigen Kolleginnen von der »Liste« sowie alle anderen Freunde, die ich im Laufe des Jahres erworben hatte, dazu einige Verwandte und alte Spitalfreunde und schließlich noch jeden, der vielleicht zur Belebung der Stimmung beitragen konnte. Auch Faraday hatte eine mächtige Namensliste bereit, so daß wir, falls alle zusagten, eine ansehnliche Gesellschaft sein würden.

In mehr als einer Beziehung sollte dieser Anlaß übrigens wichtig für mich sein. Abgesehen davon, daß es meine erste richtige Gesellschaft im eigenen Hause werden sollte, hatte ich beschlossen, Betty Hume einen Heiratsantrag zu machen. Zu diesem Beschluß war ich nicht plötzlich gekommen, er hatte sich vielmehr ganz allmählich während der letzten Wochen in meinem Unterbewußtsein gebildet, und als er die Bewußtseinsschwelle passiert hatte, fand ich, die Zeit sei gekommen, um zu handeln. Ich konnte zwar nicht ehrlich behaupten, daß ich wahnsinnig in Betty verliebt sei – oder überhaupt in sie verliebt war. Nach dem Erlebnis mit Sylvia war ich überzeugt, daß ich nie wieder dieses Gefühl der allüberströmenden Liebe einer anderen Frau gegenüber empfinden könne, und das, was ich für Betty empfand, war jedenfalls das zweitbeste. Sie war lieb, gütig, bedacht und mir zugetan, und wir kamen sehr gut miteinander aus. Je mehr ich darüber nachdachte, um so mehr schien sie mir eine ideale Frau für einen Arzt zu sein. Sie war allerdings älter als ich, aber, so sagte ich mir, es gab ja viele Ehen, in denen die Frau älter war als der Mann. Auch würde sie mir gleich einen Sohn mit in die Ehe bringen, aber auch das schien mir nichts so Schreckliches. Nach Sylvia kamen mir andere Mädchen, die gleichaltrig oder jünger waren als ich, albern und uninteressant vor, und ich würde glücklich, wenn auch nicht überglücklich mit Betty werden. In den langen Abenden vor ihrem Kaminfeuer hatten wir uns ganz gut kennengelernt, und wenn es sich auch nicht um eine große Leidenschaft handelte, so waren doch gegenseitiges Verständnis und aufeinander abgestimmtes Empfinden vorhanden. Soweit ich es beurteilen konnte, beruhten die besten Ehen hierauf. Auf alle Fälle hatte ich gründlich über die Angelegenheit nachgedacht und war zu dem Schluß gekommen, daß ich es so und nicht anders wünschte. Auf der Weihnachtsgesellschaft würde ich ihr also den Heiratsantrag machen, der ihrerseits bestimmt nicht auf Schwierigkeiten stoßen würde.

Vergleiche zu ziehen war mir zwar zuwider, aber gleichwohl konnte ich, als mein Entschluß soweit gediehen war, nicht anders, als an den Tag zu denken, an dem ich Sylvia bat, meine Frau zu werden. Der Ort war freilich der denkbar sonderbarste gewesen.

Wir hatten an einem sehr kalten und trüben Tag einen Spaziergang durch die Hampsteader Heide unternommen. Seit wir unterwegs waren, hatten sich die anfangs nur grauen Wolken zusehends verdunkelt und tiefer herabgesenkt, und plötzlich hatten sich mit Zischen und Knattern die ersten schweren Regentropfen aus ihnen gelöst. Hand in Hand liefen wir über die niedrigen Erdhügel und Löcher, um unter dem nächsten Baume Schutz zu suchen. Ein Sturm zog herauf, der sicher heftig werden würde. Laut und scharf brach der Donner los, und die Blitze zuckten unaufhörlich.

»Wir wollen lieber nicht hier unter dem Baum bleiben, Liebes«, sagte ich. »Das ist gefährlich während eines Gewitters.«

Sylvia blickte mit aufgerissenen Augen in die Richtung, wo der Regen gleich einer undurchdringlichen Wand jetzt alles zu verhüllen und auf die dunkelgrüne Grasfläche niederzuprasseln begann.

»Wir können doch da nicht hineinlaufen, Schatz. Es ist ja auch schlimm genug, ich bin schon ordentlich durchnäßt.«

»Immer noch besser naß, als vom Blitz erschlagen werden.« Ich faßte ihre Hand und wollte sie mitziehen. »Komm doch, die Sache ist wirklich ernst. Der letzte Blitz schien ganz nahe.«

Doch sie weigerte sich eigensinnig. Frauen können manchmal mit so aufregender Unvernunft auf ihrem Willen beharren.

»Wenn du die Arme um mich legst, hält es vielleicht den Regen ab«, verlangte sie, ganz unbekümmert darum, daß wir jeden Moment vom Blitz getroffen werden konnten. »Das Wasser läuft mir schon am Rücken hinunter, es ist gräßlich.«

Ich erkannte, daß ich sie nicht von dem Baum wegbekommen würde, bevor es zu regnen aufhörte, außer wenn ich sie mit Gewalt fortschleppte. So gab ich nach und blieb. Die Blätter ergossen ihren Überschuß an kaltem Wasser auf unsere Gesichter, während wir uns küßten und der Boden unter unseren Füßen einzusinken schien. Jedesmal wenn der Donner grollte, schmiegte sich Sylvia dichter an mich, und jedesmal, wenn der Blitz vor unseren geschlossenen Augen niederfuhr, preßten sich ihre Lippen fester auf meinen Mund.

»Sylvia«, sagte ich und streichelte ihr triefendes Haar, »Sylvia, ich hätte es nie für möglich gehalten.«

»Was?«

»Daß man einen Menschen so sehr lieben könnte.«

»So sehr, daß es weh tut?«

»So sehr, daß es weh tut.«

»Sylvia?«

»Ja, Lieber?«

»Du wirst mich doch heiraten, du wirst? Sag ja . . .«

Ich fühlte, wie sich ihr Körper leicht von mir löste, und es kam keine Antwort. Ich trat ein wenig zurück, um sie anzublicken, und sah, wie ihr die Tränen, mit Regentropfen vermischt, über die Wangen rollten.

»Nicht weinen, Liebes!«

Ich zog mein Taschentuch heraus, doch weder die Tränen noch die Regentropfen versiegten.

»Du hast mir nicht geantwortet.«

»Meine Antwort heißt ›nein‹.« Es war bezeichnend für Sylvia, daß sie nicht versuchte, den Schlag zu mildern. Geradezu wie in allem, was sie tat, sagte sie bloß »nein«.

»Aber du liebst mich doch!«

Ich sehe noch ihre Augen mit dem schwarzen Ring um die tiefblaue Iris vor mir, mit denen sie mich anblickte, als sie sagte:

»Ich liebe dich mehr als alles auf der Welt. Und werde dich wohl immer so lieben.«

»Warum kannst du mich dann nicht heiraten?«

»Ich kann es nicht erklären«, antwortete sie, ohne die Augen von mir abzuwenden. »Nur darfst du nie denken, ich liebte dich nicht.«

»Das verstehe ich nicht. Es reimt sich doch nicht miteinander.«

»Du würdest es auch nie begreifen. Deshalb versuche ich gar nicht erst, es dir zu erklären. Ich hab' dich unsagbar lieb, aber ich kann dich nun einmal nicht heiraten.«

»Es ist doch kein anderer im Weg – oder?«

»Darauf kannst du dir selbst die Antwort geben.«

»Dann werde ich dich schon umstimmen.«

Sie schüttelte den Kopf, so daß die Tropfen flogen.

»Sei mir nicht böse, Liebster, aber das wirst du nicht können. Und jetzt willst du mich sicher nie wiedersehen.«

Bis dahin und nicht weiter gelangte ich an jenem tropfnassen Tag, als sich die Welt in Regen aufzulösen schien, mit meiner unerklärlichen Sylvia. Und auch seither hatte sie nie abgeleugnet, daß sie mich liebte, aber zu heiraten weigerte sie sich nach wie vor, selbst nachdem ich eine eigene Praxis und ein nicht unbeträchtliches Einkommen besaß.

Damals hatte ich eine solche Wendung nicht im entferntesten als möglich betrachtet und noch lange Zeit nachher auch nicht – aber da stand ich nun und erwog die Ehe mit einer anderen. Es würde nicht Sylvia sein oder jemand, der in irgendeiner Weise war wie sie; ich fühlte nur die Notwendigkeit, eine Frau zu haben, die aus meinem Haus ein Heim machte. Nach den letzten Monaten zu schließen, würden Betty Hume und ich leidlich gut miteinander auskommen, und das war, wenn ich die Ehen meiner Patienten an mir vorüberziehen ließ, mehr oder weniger so viel, wie man vom Zusammenleben zweier Menschen erwarten konnte.

Was die heutige Gesellschaft betraf, so schien mir, daß ich wohl nichts übersehen hatte. Betty kümmerte sich um das Essen, Faraday um das Trinken, Mrs. Little um Tische und Stühle, Miss Hornby um die Einladungen und Miss Hornbys Freundin um die Papierschlangen und Dekorationen. Alles schien in bester Ordnung.

Wir waren jetzt in der Jahreszeit, wo nach dem Eindunkeln allabendlich der Friede unserer Straße von Kinderstimmen gebrochen wurde, die falsch, aber voll Begeisterung Weihnachtslieder sangen. Sie nahmen Aufstellung vor den Haustüren und läuteten unentwegt so lange, bis ihnen jemand auftat. Ich hielt gewöhnlich Sprechstunde, wenn sie auftauchten, aber einmal, als niemand mehr im Wartezimmer war, saß ich gemütlich bei der Lektüre der Abendzeitung am offenen Feuer und lauschte ihnen. Als die Klingel ging, rief ich Mrs. Little zu, daß ich selbst öffnen werde.

»Ach, machen Sie doch nicht auf, Herr Doktor. Die machen einen ja jeden Abend verrückt mit ihrer Singerei und dem Geklingel.«

»Es sind doch Kinder.«

»Ja, aber wenn man ihnen den kleinen Finger reicht, nehmen sie die ganze Hand!«

Ich öffnete die Vordertüre, und die ganze Bande flutete aus der Kälte draußen in die warme Diele.

Ich wartete, bis sie ein zittriges Finale am Schluß des letzten Verses erreichten. Sie tauschten einige Blicke aus und sagten dann füßescharrend:

»Frohe Weihnachten, Herr Doktor.«

»Frohe Weihnachten. Hab' ich deiner Mutter nicht gesagt, du darfst nicht aufstehen, Jimmie?«

»Sie weiß nicht, daß ich auf bin.«

»Wo ist sie denn?«

»Unten im Wirtshaus.«

»Ach so.«

»Ich hab' mir doch mein' Schal umgebunden, Herr Doktor.«

»Also gut. Mach aber, daß du nicht zu spät heimkommst.«

»Ja, Herr Doktor«, versprach er mit einem Gesicht, als meinte er es wirklich.

Ich gab ihnen einen Schilling, und mit tiefgefühltem Glückwunschgeschrei zogen sie über den Gartenweg ab.

Ich schloß die Haustür, ging aber einen Augenblick ins Eßzimmer und machte das Fenster dort einen Spaltbreit auf. Sie hingen wie ein Klumpen am Gartentor.

»Was habt ihr gekriegt? 'n Penny?«

»Schilling!«

»Hab' gemeint, 's könnte 'ne halbe Krone sein.«

»Quatsch!«

»Doch. Er ist ja Millionär.«

»Wer sagt denn das?«

»Mein Alter.«

»Jesses!«

»Was woll'n wir denn an der nächsten Tür singen?«

»Am besten wieder ›Stille Nacht‹. Das zieht immer am meisten.«

»Okay, denn legt gleich los und macht bloß, daß ihr zusamm' bleibt.«

Von neuem erfüllten die zarten Engelsstimmen die Nachtluft, während sich der Millionär in sein Sprechzimmer zurückzog.

VIERUNDZWANZIGSTES KAPITEL

Alle hatten ihre Sache so ausgezeichnet gemacht, daß ich mein Haus kaum wiedererkannte. Miss Hornbys Freundin hatte sich die größte Mühe mit der Ausschmückung der Räume gegeben, und das ganze untere Stockwerk war mit Papierketten in leuchtenden Farben behängt. In der Diele prangte ein Christbaum, der prächtig mit silbernen Glöckchen, Wachskerzen und vielem anderen aufgeputzt war. Betty Hume und Mrs. Little hatten ab acht Uhr morgens unablässig gearbeitet, und das sogar, ohne sich in die Haare zu geraten. Im Laufe des Tages war ich wiederholt in der Küche erschienen, um festzustellen, wie es vorwärtsging, doch wurde mir jedesmal taktvoll die Tür gewiesen, fest und bestimmt durch Mrs. Little, lieb und zärtlich durch Betty.

Faraday, der sich mittlerweile in einem der Gastzimmer häuslich niedergelassen hatte, verbrachte den Tag mit der Einrichtung der Bar, wobei er es für nötig befand, jede Flasche zu probieren, um sich zu vergewissern, daß der Inhalt trinkbar sei. Um halb acht Uhr, als der erste Gast erschien, war er gerade mit dieser anstrengenden Arbeit fertig geworden und stand mit scheußlich feixender Miene hinter der improvisierten Bar – meinem mit einem Tischtuch bedeckten Schreibtisch. Zuerst glaubte ich, der Schreibtisch wackle, bei näherem Zusehen aber merkte ich, daß Faraday das wankende Objekt war. Als erster kam ein ehemaliger Kollege aus dem Krankenhaus, und zusammen tranken wir auf das Weihnachtsfest, uns selbst und die guten alten Tage. Wir fanden nicht Zeit, uns ein weiteres Toastobjekt auszudenken, ehe die Hausglocke mehrmals anschlug und die Party in Gang kam.

Betty sah reizend aus. Sie trug irgend etwas Blaßblaues – Blau schien überhaupt ihre Lieblingsfarbe zu sein – und Schuhe mit sehr hohen Absätzen. Jedesmal, wenn sie vorbeikam, sah ich Faraday über seine Bar schielen, so daß ich ihm eine Warnung angedeihen ließ.

»Niedliche Beinchen«, sagte er.

»Laß dir sagen«, erwiderte ich in ernstem Ton, indem ich Faraday die Whiskyflasche entwand, aus der er sich unaufhörlich einschenkte, »daß Betty und ich verlobt sind. Jedenfalls so gut wie verlobt. Und du könntest im übrigen aufhören, dir den ganzen Whisky hinter die Binde zu gießen, bevor sonst jemand einen Tropfen davon abgekriegt hat!«

»Immer mit der Ruhe«, erwiderte Faraday, indem er sich ein volles Glas angelte. »So etwas wie ›so gut wie verlobt‹, das gibt es nicht, alter Junge. Entweder man ist's oder ist es nicht.«

»Du bist beschwipst!« zischte ich ihn an.

Was Faraday mit einem sehr groben Wort quittierte. Ich ging, um nach Betty zu sehen. Sie bot gerade Sandwiches an und war zu allen Leuten reizend. Mir warf sie einen zärtlichen Blick zu, und ich hatte den Eindruck, als wisse sie, daß der heutige Abend eine besondere Bedeutung habe. Auch Loveday war mit seiner Frau schon da, und ich hörte seine joviale Stimme durch die Diele dröhnen. Phoebe Miller stand mit einem der anderen »Mädchen« in einer Ecke und erläuterte eine ektopische Schwangerschaft, und der unvermeidliche Joe Morton, ein Kollege von mir und Faraday, den niemand mochte, der aber wegen seines Akkordeonspiels dennoch zu allen Gesellschaften eingeladen wurde, tauchte eben in der Diele auf. Joe, seines Zeichens Pathologe, war ein schon recht bejahrter und wenig erfreulicher Zeitgenosse, aber solange er ausreichend mit Bier versorgt wurde, spielte er nonstop bis zum Schluß jeder Gesellschaft. Anfangs sah er immer ganz ordentlich aus, sobald er aber zu den weniger salonfähigen Nummern seines Repertoires gelangte, pflegte er die Jacke abzuwerfen, seinen Schlips ins Genick zu befördern und die Brille bis auf seine Nasenspitze zu schieben.

Es schien bereits recht fröhlich zuzugehen, und ich machte die Runde bei meinen Gästen, von denen eine ganze Menge – Faradays Mitarbeiter – mir völlig unbekannt waren. Einer dieser Burschen fragte mich, ob ich wisse, wer der Gastgeber sei, und ich drückte ihm mein Bedauern aus, daß ich keine blasse Ahnung hätte.

Eigentlich war ich heute dienstfrei, als ich aber Mrs. Little auf mich zustreben sah, nachdem zuvor das Telefon geläutet hatte, wußte ich sofort, daß es sich um Mrs. Collins handeln müsse.

Ich hatte sie bereits zweimal im Laufe des Tages besucht und Trudi anbefohlen, mir sogleich Bescheid zu geben, falls es ihr schlechter ginge.

»Das Mädchen hat am Telefon geheult«, sagte Mrs. Little, die heute in ihrem seidenglänzenden Staat kaum wiederzuerkennen war. »Sie hat gefragt, ob Sie gleich 'rüberkommen könnten.«

»In fünf Minuten«, antwortete ich und rannte die Treppe hinauf, um den Kopf unter den kalten Hahn zu halten.

Die Haustüre wurde mir von der Krankenpflegerin geöffnet, die ich vor mehreren Wochen hergeholt hatte, damit sie Mrs. Collins im Endstadium ihrer Krankheit zur Seite stehe.

»Sie scheint seit der Injektion, die Sie ihr mittags gegeben haben, keine Schmerzen mehr zu haben, Herr Doktor«, berichtete sie, »aber vor kurzem hat sie das Bewußtsein wiedererlangt und nach Ihnen gefragt. Ich hätte Sie ja nicht gestört, wenn Sie's mir nicht ausdrücklich aufgetragen hätten. Sie atmet unregelmäßig, und ihr Puls ist sehr schwach.«

Mrs. Collins hatte das Bewußtsein inzwischen wieder verloren. Die langen Wochen des Leidens und der Schmerzen hatten sie jetzt völlig abgezehrt, und man sah ihre Backenknochen unter der gelblichen Haut durchschimmern. Ich faßte ihre Hand; sie war leicht wie die eines Kindes und wie knochenlos. Nach einer Weile verspürte ich einen Puls, der so leise ging, daß ich erst dachte, ich bilde ihn mir nur ein. Das Zimmer war still und bis auf den Schimmer eines Nachttischlämpchens dunkel, und in dessen grauem Schatten erkannte ich auf dem Toilettentisch ein winziges Christbäumchen, das Geschenk eines der Kinder, die sie mit ihren Geschichten erfreut hatte. Vor der Tür hörte ich die sonst so fröhliche Trudi schluchzen. Die Schwester zog sich eine graue Wolljacke um die Schultern und schraubte das Gasfeuer auf. Wieder fühlte ich Mrs. Collins den Puls, jetzt aber war er nicht mehr wahrzunehmen. Mit dem Stethoskop suchte ich einen Herzschlag aufzufangen, allein der zerbrechliche Rahmen gab keinen Ton des Lebens mehr von sich. Irgendwo ganz in der Ferne begannen die Glocken eine frohe Weihnachtsbotschaft auszusenden, und Trudi schluchzte lauter, als habe sie jenseits der Zimmertüre das lautlose Sterben vernommen.

Vor meinem Hause stand Auto an Auto. Jemand hatte sogar quer über die Einfahrt geparkt, so daß ich nicht einmal in die Garage kommen konnte. Ich fuhr ein Stück weiter, um einen Parkplatz zu finden, und ging dann zu Fuß die paar hundert Meter zurück. Man hörte den Lärm sechs Häuser weit. Joe Morton war mit seinem Akkordeon in Schwung gekommen, und die kalte, schneidende Luft war erfüllt vom Lärm und Gelächter meiner Gäste. Als ich die Haustür aufschloß, schlugen mir Wärme und Fröhlichkeit ins Gesicht. Ich war nicht sicher, daß ich wieder den Anschluß an die ausgelassene Stimmung finden könnte, und schlüpfte ungesehen in mein Schlafzimmer hinauf, um einen Augenblick lang allein zu sein.

Ich warf den Überzieher achtlos auf den riesigen Haufen Mäntel, die auf dem Bett lagen, und ging, ohne Licht zu machen, auf den danebenstehenden Lehnstuhl zu. Ein lauter Schrei ertönte, als ich mich hineinsetzen wollte – und auf etwas Weiches stieß.

»Liebster, du tust mir weh!«

»Sylvia! Was in aller Welt tust du hier?«

»Mrs. Hume sagte, ich könnte schon heraufkommen.«

»Ich meine nicht hier oben. Ich meine überhaupt hier. Wo ist Wilfred?«

»Fort, auf Reisen.«

»Aha!« entfuhr es mir, denn mir ging ein Licht auf.

»Und da dachtest du, bis er wiederkommt, könntest du dich ein bißchen nach mir umsehen. Na, darüber wirst du gleich anderer Meinung werden, mein gutes Kind. Du kannst heimgehn und allein auf deinen Wilfred warten.«

Sylvia entrollte sich aus ihrer zusammengeringelten Lage und stand auf.

»Wenn du so denkst«, sagte sie.

»Jawohl, das tu' ich.« Im Halbdämmer sah ich, wie sie der Tür zustrebte.

»Fröhliche Weihnachten, Liebster«, sagte sie.

»Fröhliche Weihnachten«, antwortete ich.

Sie machte die Tür auf und schickte sich an, hinauszugehen.

»Sylvia!« rief ich. »Sag mir erst, warum du gekommen bist.«

»Das werd' ich schon, sobald du aufhörst mich anzuschreien.«

»Also gut, ich schreie nicht mehr.«

»Ich bin gekommen, weil ich gemerkt habe, daß ich ohne dich nicht leben kann. Wahrscheinlich ist es wohl jetzt zu spät, und du hast dich schon zu weit mit dieser Hume eingelassen.« Sie fing an zu weinen. »Ich hab' ja gesehen, daß sie sich hier ganz zu Hause fühlt.«

»Hör auf zu weinen, Sylvia. Ich glaub', ich hab' dich nicht richtig verstanden. Wiederhol mir noch mal, was du da gesagt hast.«

»Gib mir erst mal ein Taschentuch.«

Ich zog ein reines Taschentuch aus meiner Jacke, und sie betupfte sich die Augen.

»Ich sagte, daß ich ohne dich nicht leben kann und jetzt lieber verschwinden will und dich ihr überlassen.«

Sie knipste das Licht an, und ich sah, wie ihr die Tränen übers Gesicht flossen.

Weinen hatte ich sie nie sehen können, deshalb half ich ihr mit dem Taschentuch. Als die Tränen versiegten, führte ich sie an den Armstuhl zurück. Eine ganze Weile lang sagten wir nichts, sondern ließen uns nur davon beglücken, daß wir einander nahe waren und endlich ins reine gekommen.

»Sag mir, was endlich die Waagschale zu meinen Gunsten gesenkt hat«, bat ich sie, als sie ihre Fassung wiedergewonnen hatte.

»Ach, es war zu entsetzlich! Wir fingen an von der Hochzeit zu reden, Wilfred und seine Mutter und seine beiden ekelhaften Schwestern. Sie waren schon dabei zu entscheiden, wer die Brautjungfern sein und was sie für Kleider tragen sollten, bis in alle Einzelheiten, und da sie mich überhaupt nicht um meine Meinung befragten, paßte ich nicht auf, bis Lady Pankrest sagte: ›Und natürlich wird Miss Potter das Brautkleid für die liebe Sylvia machen.‹ Da spitzte ich endlich die Ohren.

›Wer um Gottes willen ist denn diese Miss Potter?‹ fragte ich.

›Das ist unsere alte Schneiderin aus Schottland‹, sagte sie. ›Sie macht alle Brautkleider für uns Pankrests, das ist so eine Tradition, meine Liebe. Ich habe die Angelegenheit übrigens schon mit ihr besprochen, und wir haben uns für Satin Duchesse mit einem perlengestickten Motiv von schottischen Disteln entschlossen.‹

›Das ist wirklich nett von dieser Miss Potter‹, sagte ich, ›aber mein Brautkleid macht Michael Reed. Das ist auch eine Tradition – immer, wenn eins von seinen Mannequins heiratet.‹

Lady Pankrest sah mich spitz an und sagte: ›Dann wirst du Mr. Reed eben über Miss Potter ins Bild setzen‹, und Wilfred fiel mit ein: ›Ja, da hat Mama wirklich recht, weißt du . . .‹ – und auf einmal war ich mir klar darüber, worauf ich im Begriff war mich einzulassen. Wilfreds Mama hatte sich schon vorher in alles eingemengt, was ich tat, und Wilfred wagte nicht, sich auch nur die Nase zu putzen, ohne sie um Erlaubnis zu fragen. Wahrscheinlich hatte ich mir so davon Eindruck machen lassen, daß ich zur Familie Pankrest gehören sollte, daß ich gar nicht sah, was für ein Muttersöhnchen Wilfred war. Sonst ist er ja wirklich ein netter Kerl, der keiner Fliege etwas zuleide tun könnte, aber mit einem Schlage wußte ich mit Bestimmtheit, daß ich nicht in diese Familie hineinheiraten konnte. Abgesehen von Mamas Einfluß auf Wilfred, der ja sehr bald dazu führen mußte, daß ich nur noch Verachtung für ihn hätte, sah ich auf einmal deutlich das Bild des Lebens vor Augen, wie ich es zu führen haben würde: die Wohltätigkeitskomitees, die Bridgeabende, die Einkaufsexpeditionen in der Stadt, bei denen ich hinter Mama dreinzulaufen hätte. Doch als ich das bei mir überlegte, erkannte ich zudem, daß selbst all das nicht vollkommen ehrlich sei. Dieses Leben wäre trotzdem nicht ganz so unerträglich gewesen, wenn ich Wilfred geliebt hätte. Aber das tat ich ja nicht. Ich mußte mir endlich eingestehen, daß ich nur dich liebte.«

Sie schmiegte ihren Kopf enger an meine Schulter und schloß: »So reiste Wilfred mit Mama nach Monte Carlo (›Wir verbringen Weihnachten immer in Monte‹) – und da bin ich nun.«

»Sylvia, ich möchte nicht, daß du einen Fehler begehst«, sagte ich.

»Oh, es ist kein Irrtum. Ich liebe dich.«

»Bei mir bekommst du kein Schloß in Schottland.«

»Was macht das?«

»Kein Kitzbühel im Winter.«

»Das ist mir gleich.«

»Keinen uralten Familienschmuck.«

»Aber dich bekomme ich!«

Da gab es nichts mehr einzuwenden.

»Sylvia, ich kann es einfach nicht fassen ...«

»Was bin ich doch für ein Narr gewesen! Wir wußten ja von Anfang an, daß wir füreinander geschaffen sind.«

»Ja – das wußten wir.«

Wir blieben sitzen und holten das Versäumte der letzten Monate nach, bis Joes Akkordeonklänge von unten heraufttönten und mich an meine Gesellschaft mahnten.

»Komm, wir müssen hinuntergehen«, sagte ich. »Schließlich bin ich ja der Gastgeber.«

»Müssen wir wirklich?«

»Wir müssen.« Ich gebot es mit strenger Stimme. »Jetzt werden andere Seiten aufgezogen, mein Kind. Jetzt hast du zu tun, was ich sage.«

»Ich will ja gern tun, was du sagst«, flüsterte Sylvia. »Sei so lieb und komm in ein paar Minuten wieder herauf«, bat sie mich. »Ich muß mich erst zurechtmachen.«

»Gib mir erst noch einen Kuß, ehe du den Schaden reparierst.«

»Ich hab' dich so schrecklich lieb.«

»Sylvia«, sagte ich und fühlte meine Festigkeit schwinden. »Nimm dir nur Zeit. Ich will jetzt zu den anderen gehen.«

»Du bist der Herr im Haus«, sagte sie mit Unschuldsaugen.

Unten am Treppenabsatz stand Betty Hume. Sie hatte ich in der

Glückseligkeit der letzten halben Stunde ganz vergessen. Sie wartete auf mich, und als ich endlich herunterkam, nahm sie mich bei der Hand und zog mich in eine Ecke der Diele.

»Ich wollte nur, daß Sie wissen, wie gut ich alles verstehe«, sagte sie. – »Was denn?« fragte ich zögernd.

»Mit Sylvia. Das mußte man ja merken, damals, als sie zum Tee herkam. Da stand Ihnen die Liebe ja in den Augen geschrieben. Und ich finde, daß sie die Richtige für Sie ist, und hoffe, ihr werdet sehr glücklich miteinander.«

Sie hob sich auf die Fußspitzen, um mich auf die Wange zu küssen, und verschwand in der Menge der Gäste.

Ich trat nun an die inzwischen von Faraday freigegebene Bar und goß mir etwas zu trinken ein. Plötzlich fühlte ich mich bedrückt, teils, weil die Wirkung der Drinks von vorhin abzuflauen begann, teils, weil Betty sich so lieb und verständnisvoll gezeigt, und schließlich, weil Mrs. Collins gestorben war, ehe ich meine Verlobte zu ihr bringen konnte. Auf einmal kam mir in den Sinn, daß ich ja Sylvia überhaupt nicht gefragt hatte, ob sie nun meine Frau werden wolle ... Ich setzte mein Glas hin und bahnte mir einen Weg durch die tanzenden Paare.

Sylvia erwartete mich an der untersten Treppenstufe. In ihrem schwarzen Samtkleid, das honigfarbene Haar zu einem Knoten gedreht, sah sie bezaubernder aus als je. Doch ehe jemand anders Gelegenheit fand, sich ihr zu nähern, zog ich sie in die Küche, um ihr einen regelrechten Heiratsantrag zu machen. Der Ort war schlecht gewählt, denn dort saß zwischen leeren und schmutzigen Gläsern Mrs. Little. Sie hielt eine geräumige Frühstückstasse an ihren Busen gedrückt und weinte dicke Tränen unter ihrem braunen, puddingförmigen Hut.

»Um Gottes willen, was ist denn, Mrs. Little?« fragte ich sie.

»Ich bin so glücklich«, antwortete sie und weinte noch mehr.

Ich nahm ihr die Frühstückstasse aus der Hand und roch an deren Inhalt. Es war unvermischter Gin.

»Wer hat Ihnen denn das gegeben?«

»Doktor Faraday. So ein netter Mann!«

»Wenn Sie ausgetrunken haben«, befahl ich, »gehen Sie aber gleich zu Bett. Dr. Faraday und ich werden schon abwaschen.«

Damit faßte ich Sylvias Hand und ließ Mrs. Little mit ihrem Gin allein.

»Ich wollte dich etwas fragen, Sylvia«, sagte ich, »aber es scheint nirgends ein ruhiger Winkel zu sein.« »The Birth of the Blues«

schluchzte durch das Haus. Da fiel mir das Apothekenkämmerchen ein, und Sylvia nachziehend, drängte ich mich durch Warteraum und Sprechzimmer, wo die Tanzenden sich mehr und mehr in die tief herabhängenden Papierschlangen verwickelten, zu meiner Apotheke durch. Ich öffnete die Tür. Da stand, in alles vergessender Umarmung verschlungen, irgendein Paar. Sacht schloß ich die Tür wieder, um sie nicht zu stören.

»Es bleibt uns also wohl nur diese Ecke«, sagte ich und zog Sylvia in die Nähe des Waschbeckens, wo versehentlich mein Fiebermesser in einem Glas milchiger Flüssigkeit zum Desinfizieren stehengeblieben war. »Aber das ist ja auch gleich.«

»Was in aller Welt willst du denn nur?« fragte Sylvia.

»Ich liebe dich, Sylvia. Und nun kommt eine wichtige Frage.«

Ich tat einen tiefen Atemzug, und dann sagte ich da, wo ich meine Patienten zu fragen pflegte: ›Wo tut es weh?‹ und ›Spüren Sie es schon lange?‹: »Sylvia, willst du meine Frau werden?«

Und sie antwortete ganz schlicht: »Natürlich will ich!« Ich sah, wie die aufsteigenden Tränen ihre großen, blauen Augen noch größer machten, und bevor sie überquellen konnten, hielt ich meine Sylvia fest im Arm. Nie war ich so glücklich gewesen.

Jemand gab mir einen Schlag auf die Schultern. Es war Faraday.

»Na, was geht denn hier vor, wenn ich fragen darf?«

»Mach, daß du fortkommst«, sagte ich, ohne Sylvia loszulassen. »Ich heirate.«

»Wie viele eigentlich?«

»Nur eine. Eine einzige!«

»Dürfen wir es den anderen auch sagen?« Das kam von Betty, die an Faradays Seite aufgetaucht war.

»Ihr dürft alles, was ihr nur wollt.«

Das war voreilig gesprochen. Denn ehe wir es uns versahen, standen Sylvia und ich in der Diele auf zwei Stühlen, und der alte Joe Morton, dem die Brille nur noch an einem Ohrläppchen baumelte, stimmte dröhnend das Lied »For they are jolly good fellows« an, in das alle sogleich einfielen.

Das Getöse des Glückwünschens und Hochlebenlassens wurde immer betäubender, aber durch alles hindurch vernahm ich plötzlich das schrille, dringliche Läuten der Nachtglocke. Ich warf Mrs. Little, der unfehlbaren Glockenbeantworterin, einen Blick zu, doch sie war längst jenseits allen Pflichtbewußtseins. So sprang ich vom Stuhl herab.

»Liebster!« sagte Sylvia. »Wo willst du denn hin?«

»Die Nachtglocke läutet!« schrie ich, bereits an der Tür, mit vorgehaltenen Händen durch den Tumult zurück.

»Verläßt er sie schon?« rief jemand.

Der Lärm wurde immer größer.

Auf der Türschwelle stand ein weinendes kleines Mädchen.

»Es ist wegen Mami«, schluchzte es. »Vati sagt, ob Sie nicht bitte gleich mitkommen könnten? Sie kriegt gar keine Luft.«

Ich entsann mich, mein Arztköfferchen im Auto gelassen zu haben, und beschloß, mich nicht erst wieder zu Sylvia durchzudrängen und ihr zu erklären, wo ich hinginge. Mrs. Caterwells Asthma würde mich ohnehin nicht allzu lange aufhalten.

So zog ich die Haustür hinter mir zu und schnitt damit das hinter mir her dröhnende Gelächter kurzerhand ab, um der ältesten der sieben kleinen Caterwells zu sagen, sie könne ihre Tränen ruhig wieder trocknen.

Goldmann Taschenbücher sind mit über 3200 Titeln (Frühjahr 1972) die größte deutsche Taschenbuchreihe. Jeden Monat etwa 25 Neuerscheinungen. Gesamtauflage über 125 Millionen.

Aus dem WILHELM GOLDMANN VERLAG
8 München 80, Postfach 80 07 09 bestelle ich
durch die Buchhandlung

Anzahl	Titel bzw. Band-Nr.	Preis

Datum: Unterschrift:

4020 · 7024 · 3.000

Bitte mit Postkarten-Porto frankieren.

Wilhelm Goldmann Verlag

8000 MÜNCHEN 80

Postfach 80 07 09